醒悟無常

證嚴上人的42堂心靈修習課

釋證嚴——著

「大哉教育益群生，行善人間致祥和」

每一天都是做人的開始，
每一個時刻都是自己的警惕。
——證嚴法師靜思語

目錄

序文

祈願人心淨化、社會祥和，
天下無災無難！
虔誠祝福人人平安，家家吉祥，
福慧雙修！

慈濟菩薩：吉祥平安！

平安，是人人最期待的，然而，新型冠狀病毒持續在全球迅速蔓延，有兩百多個國家地區染疫，確診人數超過一億七千萬人，往生人數超過三百五十萬人，當今天下災難偏多，地水火風災情不斷；加上疫情持續流行，證嚴內心「憂極難言」！

這波疫情還要持續多久？還會如何發展下去？感覺看不到盡頭，用擔憂、感傷都不足以形容。為了防止疫情擴大，必須停止一切群聚活動，人人遵守「戴口罩、勤洗手、少出門」。

面對這場疫情嚴峻的戰役，醫護團隊、警察、消防等第一線人員十分辛勞；不幸感染確診者，或隔離檢疫者，甚至是健康的人，大家內心皆惶恐不安，生活上也有許多不便。但居安思危，忍得一時的不便與無奈，做好自我防護，自愛愛人，才能換得全家、全社會的平安。

此時此刻，大家最需要的是安定的心。疫情期間，在必須居家隔離的時空中，要好好地停聽看。停止活動不外出，佛法、善法則要多聽、多看；就如惡業要停止不再造作，舊法新知的善法則不能斷絕。期待要打開心門，讓佛法走入我們的心門，滋潤我們的慧命。打開心門開啟智慧門，那麼師徒之間就從來沒有分離過，分秒都是共處一堂！

災疫是大自然向人類發出的警號，地球毀傷，災難頻傳，面對這波疫情，無法用語言來形容那份艱巨！雖然心很沉重，但不能悲觀，因為恐懼害怕也沒有用。這波疫情非人能擋，如何能消弭疫情災難？唯一的靈方妙藥，就是要戒慎虔誠推動生命教育。尊重一切生命，不只是人命，還要尊重動物生命，這是最虔誠、完整的愛。食事為大，藉著這波疫情，推動食的教育，勸導非素不可，這就是大哉教育。

證嚴唯有一片真誠的心，呼籲全球慈濟人愛心點滴匯聚，同心共濟弭災疫。不論富貴貧窮，生命同樣脆弱，秉持「無緣大慈，同體大悲」的信念，慈濟源自臺灣，截至二〇二一年八月十九日，慈濟的大愛足跡遍及一百二十六個國家地區。感恩全球慈濟人克服一切困難，即時提供防疫物資及生活濟助；讓大愛包容地球村，讓善的循環遍布全世界。

「大哉教育益群生，行善人間致祥和」，這一波疫情是大自然給人類無形的大哉教育；唯有凝聚更多的善念，以戒殺護生的方式止災息厄。祈願人人表達一份虔誠的力量，敬天愛地，尊重生命；行善造福，茹素推素，為天下祈福，才能消弭疫情。

釋證嚴

祈願人心淨化、社會祥和，天下無災無難！

虔誠祝福人人平安，家家吉祥，福慧雙修！

第一堂課

看見無常，人間有相就無常。無形的無相，那就是覺悟，覺有情。

生命，在這個時刻，我們更應該要有覺悟的看見「無常」，佛法最重要的道理，就是要教我們認識無常。真理就是無常，無常就是真理，儘管天長地久，但是真正的人間有相就是無常。我們之間還有師徒的名相，每一個人有家庭、親友的名相等等，感情都有各不相同的名相存在；其實，我們有一個無形的無相，那就是覺悟，覺有情。無奈，我們離不開有相。

佛陀也因為有相來人間，為一大事因緣來人間。他從出生一直到覺悟成佛，共有八相，所以稱八相成佛。但是他要修行，修行就是要下定決心，要去除貪念，要去除很多自己的我相，將一切一層一層地去除，到了真正是「真空」。這都是我們學佛要學習的，學習一層一層地把它剝離、清除，到最後什麼都沒有；不過，就是什麼都沒有，才是真理。

真理，就是沒有障礙的限制，這種無形、無相、無障礙，就是我們的慧命，是智慧！而我們所追求的是慧命增長。生命是有限、有相，有時限大限的。人說「大限」，叫做自然法則，總是一直地說時間帶走一切，但時間也成就一切。

我常常都說，我們要知苦，要知道無常，也要知道無奈人生。這種無奈人生要如何轉變？無奈，會有紮實感、真實感，也就不會嘆無奈。非洲，讓我很心疼。聽到非洲，就知道那裡充滿苦難，而且苦難人偏多。但是那裡很單純，而且是心靈很富有的地方，他們的心地風光，因為單純富有，所以安貧樂道。慈濟在非洲，雖然看見當地人的貧窮，但是我看到他們並沒有無奈，是那樣的樂觀。「無奈」這兩字，在富有社會、更文明的地方反而更多。

佛陀是兩千多年前的人，是一個真實在人間覺悟的覺悟者。他的思想、他的觀念，跟平常人不一樣，應該要說凡夫跟不上大覺者。因為是大覺者，他的心思總是超越人間，而且「心包太虛」，與宇宙天地滙合。所以，我們人在地球的某一個角落，是很微細、很微小，很卑細、很卑小的。

但是人哪！總是有這樣的形容，「心包太虛」。我們的心都很大，是包太虛，但有沒有「量周沙界」？光是「心包太虛」，就是欲念愈擴愈大；但是，我們有沒有好好認識佛法，銘記在心，手腦並用，身體力行，行菩薩道？

佛陀所教的菩薩法，我們身體力行，這就是我最近常常跟慈濟人說的話。

第一要感恩，感恩自己的生命，以往我都說：「感佛恩、父母恩，感眾生恩。」我現在要先說，感恩生命的恩。感謝我生活在人間，能為人間付出，這就是最實在的。我腳踏實地在做，在今天此刻我沒有迷失，所以也感恩這一刻，沒有迷失的這一瞬間。

我沒有迷失的這個身體，懂得感恩，感恩父母生我，給我這一條生命在人間，所以第二，我要感父母恩。第三，我要感佛恩，因為佛陀給予我真諦，他一個方向的指引，讓我能利用這樣的生命，找到一個正確的方向投入人間。第四，才是感恩人間眾生恩。讓我了解到要在眾生中去完成我的大愛。

我這一條生命很渺小，但是我很感恩，有佛恩來開導我，讓我能有一個正確的方向，向前走；我更感恩，感恩有一群人願意聽我的話，他們說：「師父如是說，我們如是我聞，如是我身體力行，向著師父的方向。」師父帶在前頭，人人跟在周邊周圍、後面往前走，這就是一個方向。

很感恩佛陀生現在人間，他生在地球上，在地球裡看見人間，感受到了人間種種之苦，就離開皇宮，要去追求。為什麼人有生老病死，還在貪名著利？還在那裡造那麼多的苦難？同樣是人，為什麼有階級的分別？人間有種種名稱階級之分別的壓迫。這都是佛陀所認識的地球，轉識要成智，他要追求真正的生命價值。他靜下心來，把地球上的人我是非、地球上的萬物成住壞空等等，一一探討，最後心理與天體接觸，他了解到大地的一切一切，所以「成、住、壞、空」。

心理、物理、生理這三理，就是我們的心理，身體的生理，與人間所有有相的物理。三理離不開四相，物理四相有「成、住、壞、空」，身體四相有「生、老、病、死」，心理四相有「生、住、異、滅」，都是三理四相的道理，我們要清楚。假如不用心去探討，光是說淨土，要如何得知淨土在哪裡？倘若只是要追求淨土，若心不淨，那土又會在何處？人間苦不滅，我們的煩惱又該往什麼地方去除？

《彌陀經》中用各種的方便法，展現佛陀的智慧；因為眾生愚昧，永遠都在求自己快樂。佛陀無奈，就開啟了一個方便法門，說：「你念佛、念佛，所有煩惱放下，你就可以往生西方。」但是《彌陀經》裡有一句話，那才是真正的重點：「不可以少善根福德因緣，得生彼國。」我們在人間，你少善根無法到極樂世界去，你還是在極苦的娑婆世界。要求極樂，求不可得，因為我們少了大善根、大福德。我們人生只是小善根、小福德，哪裡能超越到清淨無染的淨土呢？

念佛是念佛心進入自己的心來，己心就是佛心。我們要來認識自己的心，回歸本性，我就是佛心，佛心展現出來。我所要行的道路，總是呼籲人人成菩薩；你沒有成菩薩，願意學習，哪裡能成佛呢？你要學習佛，要成佛，你非要行菩薩道不可。

菩薩道要四諦、六度。四諦法一定要清楚。我們必須放下執著，好好地了解生命價值。念佛法，法不會自來，要去身體力行，要「就有道而正焉」。我們要上這一條道路，佛陀幫我們開出了一條康莊菩薩道，這一條菩薩道，已經讓我們看見曙光，要引導你走入菩薩道來。但是，凡夫的心路很坎坷，這一條坎坷路，充滿自我障礙，需要自己解決。

所以，現在大家就是要為自己鋪上人間路，把自我心路開出來，菩薩道已經在了，遠遠看去，曙光的盡頭就是菩薩道。這是一個方向，方向的直道就是指著你，迴向給我。我們共同向著曙光，向著佛陀的指引，互相接引。

很期待在地球上，每一個島嶼、每一個地點，慈濟都能鋪到。

總是需要轉變人生，窮困人也可以回饋，沒有錢就捐一點點的銅板，盡自己的能力做付出。就如佛陀看到了貧婆，貧婆說：「我好想要供養，但是我一無所有。」佛陀就從她的身上看到腳邊，「有啊，妳衣衫的衣襬處，一塊快要破掉的破布，也可以供養。」貧婆說：「佛陀，這是一塊又髒又破的布，如何能供養呢？」佛陀說：「用妳的心供養。」所以，貧婆把那一塊布撕下來，恭敬供養佛陀。佛陀拿起了這一塊布跟大家說：「弟子們，僧眾人人一塊，要記得別在你的身上。」所以，佛陀、僧眾的僧衣上，人人都有這一塊布。

現在出家僧眾所穿的僧衣，都別著一塊布。那一塊貧婆布施的布，叫做「印」。印心，我們要有法印，要印心，心沒有距離，那就是如衣印心，感念貧婆的布施。

慈濟四大志業，慈善助人，因為眾生有病，所以用佛法與人間法，用法醫心，醫人身體的病痛。慈善、醫療，接下來就是教育，培養精神理念。我們需要有人文，人文就是要把三項匯合起來，是一個大人文，慈善的人文、醫療的人文、教育的人文、人文自身的人文，要美化，四大志業合一。

師父心心念念就是虔誠祝福，天地間，全球人人都平安，祈求弟子們慧命增長。這是最近虔誠，日日沒有離開內心的願。

（節錄自二〇一二年五月十二日上人開示：本會與夏威夷分會連線會議）

第二堂課

驚世災難，要有警世的覺悟。人心虔誠，用愛來愛人及物。

自從九一一事件後，二十年以來，師父一直呼籲「驚世的災難」，我們要有「警世的覺悟」。災難臨頭了，我們的覺性也要抬頭，人人清淨無染的本性，要趕快提升起來。過去的貪瞋癡無明，趁這個時候把它們消除，我們要真誠的懺悔，我們要重建，如何把愛心完整結合起來，那就是要有「警世覺悟」。

「對、錯」，自己要知道。對的事，對人間有利益，所以我們堅持去做就對了，這本來就是菩薩來人間的一大事。佛陀來人間，一大因緣就是要教菩薩法。現在世間有災難，菩薩正是要投入人群去救眾生苦。我們曾經在吉蘭丹的那一波災情，給予很多人福慧床、毛毯、糧食，得到了當地媒體感恩的報導。現在疫情期間，我們又要開始去付出，如何給予需要的、如何防疫、如何照應當地所需要的付出。這也就是慈濟在當地要做的事。無所求，只是應急。我們關心苦難，真誠無私的付出，這是一股正氣。這種正氣，就是一股祥和；祥和，地方就會平安。我們不分宗教，人人都可以發一念愛心，點滴匯合起來，就地造福，取在當地也庇蔭當地，這都可以在那裡推動。雖然慈濟是一個宗教的組織，但是我們的付出，與宗教無關。

人心虔誠，用愛來表達我們這份的虔誠，最明顯的愛，就是愛人及物。我們看到了人有病痛，大家很擔心、很害怕，我們要救人救苦，連動物，我們都要愛。因為病從口入，很多的病毒感染，起因都是將帶有病毒的動物吃進腹中，食物鏈，鏈成了病毒鏈，就這樣循環感染下去，這是很可怕的事。

菩薩們，我們要抬頭看警世的覺悟，時間總是累積一切，過去的分分秒秒，不管是多少生世，一直在這樣的時間、空間、人與人之間，不斷地累積，業力會聚。過去共惡緣，現在唯有需要人人共善念，人人提出懺悔的心。懺悔，要怎麼樣表達懺悔？就是要用愛。要怎麼樣表達愛？就是愛人、愛動物；愛人、愛動物，就是用茹素去表達，茹素可以淨化空間，也可以淨化人與動物的關係。所以說，吃素是真正治病的良藥，是治病的靈方妙藥，茹素可與愛心結合。

感恩菩薩們，愛心克服了一切的困難，我們要堅持慈濟精神。師父虔誠為大家祝福，最大的期待就是人人平安！道心要慧命滋長！

（節錄自二〇二一年五月十六日上人開示：馬來西亞暨吉打分會視訊雲端溫馨座談）

第三堂課

在苦難中長養慈悲；在變數中考驗智慧。在大地中長期養息；在天下中消弭災難。

最近，一直很憂鬱。已經有好長一段時間了，一年多以來，我不時都在自我警惕，不要陷入了憂鬱，因為感覺自己心裡很憂鬱，所以我會時時提醒自己。大家對憂鬱都是有感覺，有威脅感，但就是看不到。現在新冠疫情肆虐，大家更陷在憂鬱之中。

印度這段時間疫情尤其嚴重，我不管是坐在哪裡，眼睛所看的都是世界地圖。全球展開的地圖，在我面前，擺在桌子上，天天焦點關注。我們的焦點都放在印度，這是因為我們跟印度有因緣。我以為印度不大，但其實好大，攀山越嶺，飛機載運，中途還要停歇在寮國，東西要拿下來消毒，然後再裝貨。飛機載運後還要搬上陸地貨運，經過了千山萬水，真的是很辛苦。但是，為了救人的生命，翻山越嶺又怎樣？我們過去為什麼要在花蓮蓋醫院？有一首歌的歌詞，「盤過山、盤過山，翻山越嶺為怎樣？」是啊，就是為了救人的生命。我永遠無法忘記，那一個婦女，被一個擔架，四個人輪流，八個鐘頭，翻山越嶺，一直抬到了花蓮的某一家醫院診所。婦女留下的那一灘血，這婦女是生或者是死，永遠都是我心裡的一個遺憾。因為沒有八千元，那位還在流著血的婦女，只好在生命危急的狀況下被抬走了，看到的只有那一灘血。那婦女究竟是生是死？在我的心裡，永遠都是一個問號。但是總想，絕大機率應該是留不住命的吧。死的可能性偏多，生的機率很少。生命何價，到底價值在哪裡？這一波的印度疫情，看著十分嚴重，很多的人躺在擔架上，擺在地上長長的，一條接著一條直直排，像是沒有盡頭。這一群人沒有獲得治療，因為疫情不斷惡化，醫療資源全面告急。

生命的價值到底是多少？現在看到的印度，人一排排地躺在醫院的門口，或者是大馬路旁邊，他們缺氧氣。氧氣漲價，很感慨，所以買不起，就只能活生生地看著人們在生命與呼吸間搏鬥。一口氣鬥不過去，就是生命停擺；往生了，要往哪裡放？想埋，卻沒有地方埋，用什麼裝？木材缺，所以用布袋裝，或著是用布捆，感覺人的生命，就只是這樣而已。是一個布袋嗎？塑膠袋嗎？幾條繩子來捆嗎？或著是棺木？生命真的是無價，無價就是沒有價可論，可以放著讓他爛掉，讓他發臭，生命就是這樣的不乾淨。

回過頭想一想，佛陀不就是這樣開示嗎？人間苦，觀身不淨，世間充滿了苦，人體充滿了不乾淨，人到底在爭什麼？真的是想不通，有的人眼睜睜袖手旁觀，有的人拚了命要救人。神父、修女現在都在印度，已經三梯次了，冒著生命危險捨身救人。但有時候，人願意，卻空無物資；我們慈濟也想去救人，但是苦在通道不通，這都是人生，都是有重重的障礙。明明可以做，但是不肯做；明明想要做，但是隔著千重山、萬江水，總是非常困難。不過遠近終能滙合起來，阻礙被排除，路已經通了。現在，我們要把握分秒，這個時候，搶救生命非常重要。

突然想到，二十多年前，賀伯颱風肆虐，臺灣南部災情的照片，慈濟人不惜危險，僅僅在山壁搭了幾支竹子，就前去救災，他們勇敢做了，然後讓我看照片。他們並沒有得到我的稱讚，反而得到我的嚴格責備，因為這就是不知險道，很冒失的，只憑著一份匹夫之勇。好在是平安。現在大家看了感覺還是很危險啊。佛法如此，我依佛陀的教法來說話，大家聽師父的話，要身體力行。但是要把這個力行的「力道」好好的去衡量，要注意安全。我時常都說，走路要輕，怕地會痛，意思是說，你走路時就要先量力，要探看看，踏下去會不會痛？如果痛，它就會陷下去。我們要走一條平坦的路，保護我們的安全，所以平時就要注意。走路要輕，怕地會痛，這就是疼惜；疼惜不是只是愛，是疼惜愛入心，你才是真的會疼惜，這很重要。

未來的人世間我不知，只知擔心會愈來愈險惡，因為污染、污濁愈來愈重，這是大乾坤的污染，或是人心靈的污染。今天大乾坤的污染，是因為人身心靈乾坤的污染。因為心靈污濁，是貪欲，就是因為這一個「貪」字，不顧他人只為自己滿足欲念，這種欲，是無底坑，你如果填它，它永遠都不會滿。

就如我們的口，一輩子幾十年，到底吞食了多少的物資？簡單一碗飯捧起來，也有幾兩重，還要湯，還要菜。油、湯、菜餚還有白米飯。一天三餐，有的是五餐，隔了幾個鐘頭，又要再吃一餐。一輩子，累積起來，我們已經吞食了多少餐？一年三百六十五天，一天三餐外還要加上消夜。根據統計，我們每一秒約殺死了兩千五百五十六隻動物，這動物只包含雞、鴨、豬等等，尚未算進水中動物。這一張口，吞食了多少生命？不只是你吞了命的業，還會污染大地。雞、鴨等等畜生，被飼養的過程，要好幾個月，牠們浪費掉的糧食，比我們三餐要來得多，這都可以拿去算。何況不只是這些動物，所以說吃這麼多，消化到哪裡去？我不知道。就像是欲念，填進了無底洞，永遠滿不了。一輩子一直吞，還是吞不滿。所以說，人生許許多多的不可思議，所造成的，不管是呼吸也好、排泄也好，無不都是在污染中，造成現在的疫情之大。

這幾天，我都一直在說，千般情、萬種愛，這情到底是迷情？或者是覺有情？也是一線之間。這一線，凡夫叫做迷情，在那樣迷失的迷途上。就如同《法華經》說的，走入險境中不知覺，走過了回頭看，原來是那麼危險，這是匹夫之勇。或者是走入了，卻沒有去思考土地是平或是凹，這都是不對。

我讚嘆而且感恩任何一個國家的慈濟人，都那麼慈悲勇敢地表達出了我的愛，而且愛的不分界線、不分種族、不分階級，普遍的表達愛。就如我們現在人人自愛，人人戴起口罩。有的地方沒有口罩戴的人很多，沒有錢買。有的地方，有錢的人搶貨囤積起來，這都是人間。到底生命是用什麼界線來區分它？什麼叫做生命？這就是人間的矛盾。現在疫情籠罩全球，我一直在提起，是大哉教育，讓我們思考，停、聽、看。停止了我們欲念的心思，好好的稍微停一下。假如是求名、求財、求地位，要停下來，思考一下，人命有何價值，疫情感染到了，細菌病毒，不分你是貴族或是賤民，一旦感染，生命在呼吸間。

這個時候，要把握因緣。這一波的疫情，我為什麼說因緣？就是要接受大教育的時刻。現在很多的工商，都稍微停一下，就可以給很多人喘息一下。平常都是一直拚，拚產品，公司趕工，人要多努力趕工，都是搶時間。現在無論做工、上班的人都可以利用這樣的時間冷靜一下。

一缸水有沙、泥，你不要動它，沙土它會沉澱，水是清的。只要你探手把它攪動一下，它整缸水就是濁了。就如我們的心，心一浮，我們沒有讓它沉澱，貪求欲念，混濁了我們人人本具有的清淨本性，清淨本性被這樣的欲念攪動一下，所以就變成了無明。本來很清淨，就像水澄清，就是因為欲念，一動了它，攪拌了水，整缸水都濁了起來。

同樣地，佛法說，你的心要很沉靜，要像一面鏡，像一湖水，佛陀用種種方法來譬喻，要應我們的根機。水跟心有什麼分別？根機沒辦法了解，就是沒辦法，就叫做沒法度。

根機好的，這樣的譬喻，水與泥土在缸裡，動與不動，清濁分別。如何讓它沉澱，就要用方法恢復澄清，叫做有法度。清楚了就有法度；不清楚，那就是一直在那裡滾動，所以靜不下來，還是污濁的。儒教也說：「在明明德，在親民，在止於至善。」要止於至善，就是要定，定才會靜。所以說起來，不管是儒教、佛教的聖人，不同的途徑，最終歸於一路，還是同樣一個重點。

在這樣的凡夫的迷途，我們面向到了聖賢的方向，所以我們一定要身體力行。你沒有身體力行，遙望著聖人、賢人在前頭走過的路，身不動，不發心，那距離永遠就是那麼長。我們要啟動，安不安全？是虛幻的呢？或者實在的？人會有虛幻，虛幻就愈會踏空。

我們要走真實路，要真的道路，要實在的大地。所以，我們走路要輕、怕地會痛，我們慈濟有一首歌，叫做《擁抱蒼生》，也無不都是在用歌詞、韻律，幫助我們的記憶。有韻律的詞，又美、又善、又真，所以真善美。真善美是真實的，只要你腳踏實地，真的道路，善的方向。美，就是沒有毫釐之差，沒有一毫釐的錯，一路前進，真正的可以轉換成賢、成聖。我們也可以轉凡夫為聖人，轉苦為甘。

慈濟人，師父說辛苦，幸福啊！師父了解，大家的付出說不辛苦是騙人的，是真的精疲力倦，很辛苦。但是甘願做、歡喜受，所得到的，就是過去都是步步踏實，方向正確，沒虧欠自己，就是沒虧欠的人生。

我覺得，這輩子沒有虧欠我的生命，因為我的生命在人間，曾經做過有價值的事，日日、時時，分分、秒秒，行在菩薩道上，為眾生，有苦難，菩薩所緣，緣苦眾生。我一直自我衡量，做過的事到底輕重多少？其實，沒有辦法去衡量輕重，半斤或是十六兩，分量有多重？無相，所以叫做無量。功德無量，因為我們秤不出來，但是好事你都做到了，你叫做好人。你是好人，真的做了好事，都是很簡單的人間路，是一條康莊大道。

各位菩薩，智慧分別相，相呢，可以成為真實相，這叫做實在心路。有一首歌叫做《十在心路》，十在的心路，是實在，虛實的實，實在的心路。菩薩要走實在的心路，凡夫要在十在的心路。這一首在莫拉克八八水災時出的歌，《十在心路》歌詞是這樣的：

在苦難中長養慈悲；在變數中考驗智慧；
在艱難中激發韌力；在繁瑣中學習耐性；
在複雜中欣賞優點；在理想中追求進步；
在人我中相互感恩；在社會中祥和無爭；
在大地中長期養息；在天下中消弭災難。

是啊！要消弭災難，在這個十在心路中，可知道在那個時候，為了要救災，師父面臨多少考驗嗎？但是我很堅持，所以救了很多人，蓋了很多的大愛屋。八八風災，八十八天完成，八十八項入厝禮物，三個八。各位菩薩，下定決心，方向正確，實在走，那一種的堅定心，就是我們人生的價值。

（節錄自二〇二一年五月二十四日上人開示：週一慈善基金會溫馨分享）

註：二〇〇九年八月八日莫拉克風災後第一百天，占地近六十公頃的杉林慈濟大愛園區動工；歷時八十八天的日夜興工，以及兩萬人次以工代賑和志工的投入，終於完成。「八八」這個數字在過去代表創傷，但從今而後的未來，則是象徵著重生的光明數字。資料來源：《慈濟月刊》五一九期。

第四堂課

苦，才是人間的正道。因為知苦，才會知道如何求法。

疫情當前，是什麼造成世間如此的情況？我一直都很擔心「五濁惡世」。現在的人間濁氣很重，是因為現在人心污染了，人心的貪欲、貪名，又貪利，製造了很多人世間的苦難。

前陣子，一個難民孩子趴在海灘的照片，讓我印象很深刻。這個孩子已經往生了，這麼小的孩子，是什麼因緣讓他承受這樣的悲淒苦難？不是小因緣，是大因緣、大動亂、大苦難。敘利亞這個國家，面臨這樣的大動亂，不得不逃，冒險逃難，有的人慶幸可以渡過苦海。波浪那麼大啊，那樣小的船隻，要載著多少人？那種不怕死，其實是為逃命，不是不怕死，能逃得過就是命活下來，逃不過就是這樣；不逃就是一定在那樣的動亂，受苦、受難。他們那樣的受苦、受難，還不一定能活下去。拚了命，經過了海濤波浪，拚著生命，有幸的可以登岸，幸運的也許在海中，就已經翻覆掉了，就如這個孩子。

人間苦難偏多，佛陀對著人間說苦啊！是啊，苦。我千篇一律地，都是離不開苦。除了苦以外，還能說什麼呢？苦，才是人間的正道。因為知苦，才會知道如何求法。要知道集，集啊！我們天天的開口動舌、舉手動足、起心動念，一點點的不小心，我們總是在造業。

這種的欲念、無明、貪瞋癡，都是凡夫的病。世間的病，是從人心開始的。不是說身體的病，是心理的病，有了心病，就造惡、造業。

那個孩子，他為什麼會趴在那樣的海灘裡？全家逃難，不幸地家破人亡，這苦不苦。從這個孩子的身上，就可以知，現在的人間就是這樣。這個孩子，來自哪一個國家，為何要逃難，這就是苦，真正的很多很多的苦，我們都知與識。大家的知識懂很多，知道的也很多，但是我們時常把知與識很狹窄的，打轉在我們很短的見識裡。

其實知識，可以知過去，還可以認識現在，更能預知未來。但是，能知過去，認識現在，還會預知未來，有何用？光是知識，總是那樣的帶著無明恐懼，所以自私、無明、貪婪，只關心自己，這都是一般凡夫無明的心。你們對面的這一個人也是凡夫，只是我時常把眼光放遠一點，要去回憶過去，還要天天認識現在，現在的人間環境，人間的生態，預測未來。

這不是神通的知未來。

所以我會擔心，過去的很難追溯，過去就已經過去了，但是很憂心今天的未來。每一天，睜開眼睛，一來感恩昨天晚上平安過去，再來擔心今天，未來的時間，到底這個時候，這一天的未來，又是怎麼樣的？一天二十四小時，是八萬六千四百秒。從我們睜開眼睛開始，那剎那就是現在，那一剎那的未來，到底我能平安嗎？我不知！過去、現在、未來，我們的智慧，就是要用在這裡。過去很長很長的時間，追也追不回來。不過可以讓我們用記憶去想，時間過去了有一點遺憾，生命漏過，空白的一天，一無所成。

我的昨天，到底我做到什麼？我的今天、昨天，我什麼都沒做到。今天我有做什麼嗎？也沒有，也是一天將要過去，這叫空白時間。時日已過，昨天已過，今天將過，總是已過的過去，將過的時間，無形無跡地，讓我們不知覺地過去。時間過得那樣快，所以我們能不好好地警惕著，這樣的世間嗎？

總是人間苦難多，但是需要的是菩薩在人間。佛陀來人間只有一個目標，我時常掛在口上說的，就是教菩薩法。來教我們要覺悟，在八大人覺經，八種的覺悟，所以我們時時要會覺悟，不要只是貪欲，貪在欲念，自私顧自己。佛陀跟我們說，首先，你要了解道理，第一個覺悟就是要少欲知足，我們要很知足。

佛陀說：「菩薩所緣，緣苦眾生。」要成佛一定要行過菩薩道。修行能成佛，就是要眾生緣俱足。要眾生緣俱足，我們一定要行菩薩道。與人接引，為人解苦難，這都是成佛之道。人間苦難偏多，菩薩要修行，要靠著你我，去見苦知福，去造福人間。

最近常常說：「佛陀說行菩薩道，菩薩道是佛陀的理想，但是因緣還沒有俱足。過去的菩薩，就如觀音、彌勒、文殊等有名的菩薩，那個時候，真的是在人間嗎？」其實佛陀的理想，人性本善，有如觀世音菩薩的聞聲救苦，有如文殊的智慧。將要成佛之前，總是要行菩薩道的。彌勒與觀世音菩薩，過去已成佛的文殊菩薩，也是古佛再來，是來助釋迦牟尼佛的道場，就是表達人人具有的智慧。觀世音菩薩是過去正法明如來，現在顯跡在人間裡，發揮出了聞聲救苦，啟動了人世間恭敬的觀世音菩薩，就是實行菩薩的教育，這都是佛陀應機逗教。

現在人間，既有我們充分的智慧，也有慈悲，當然需要身體力行，那就是彌勒菩薩。彌勒菩薩不斷累積福業，等待因緣成熟，在娑婆世界成佛。所以文殊是過去佛，而觀世音菩薩卻顯在現在的人間。一句話說，「戶戶彌陀佛，人人觀世音」。每一家戶都是彌陀佛，大家念著彌陀佛，西方三聖，人人本來都具有觀世音菩薩精神，就是要把智慧與愛，現在人間。

人能弘道，非道弘人，總是要人不斷地去了解人間的法則、自然法則。時間是這樣分秒不知覺的流逝過去，所以說要把握時間，舉步也不容易，說話也要很出力，把握這個時間就用得到，不把握就沒有這樣的時間。

（節錄自二〇二一年三月二十二日上人開示：週一志業溫馨分享）

第五堂課

人傷我痛，人苦我悲。苦集滅道，轉法積善必有餘慶。

我們用心來印證佛陀所說的「無常苦空」，這就是人生。佛陀用四個字把它的道理完全說出，就是在這幾個字裡，無常苦空、無我。一切虛幻，真正的苦集滅道，就是苦啊！但光是叫苦，是沒有用的；「苦」一個字，裡面的道理涵蓋在人間。苦啊，沒有一個人不苦，表面只是自欺欺人，哪一個人沒有形相的苦？沒有一個人心中沒有煩惱，有心中煩惱無明，這才是真苦。

所以這種苦啊，是從集。集來的苦集是什麼？就是集一切的業，我們起心動念無不都是業。只是在善與惡的業，是善惡才二個字而已，一個字，業就是造作，你是善業、他是惡業，善惡之間說不定，善惡二個都是在自己的心靈中，所以我們常常說要懺悔，非懺悔不可，因為自己無形中起心動念，不小心的動作也是點滴的業，都會集中起來。

一缸水是從一點一滴累積的，每一點滴都是從無限量集來的。一滴水看來很清，很簡單，可知道現在天地之間，水大不調。有些是缺水，有些是水災，這也都是一點、一線、一片，連起來的。天下災難，都是累積起來的，這就是法。

二〇二一年四月二日，臺鐵太魯閣列車發生出軌事故，這幾天的悲情，那樣的傷痛，傷在人的身體上，痛在我的心裡；苦在他的心，憂鬱在我的心。這種人傷我痛、人苦我悲的心情大家都感受得到。

人生的一個劫就這樣過了。事情發生都是在剎那間，卡在火車災難裡面的時間也許不長，一個多鐘頭、幾分鐘也好，但度日如年，都是無法挽回的。在那一刻、那一秒，多少人原本充滿希望的人生與對未來的期待，剎那間變成了碎斷的軀體。

往生者瞬間超脫，靈魂脫體縹緲輕安。我們看到的卻是血肉含糊的身體。要當這個是解脫，縹緲輕無，輕安自在，但苦的是，苦在親情的苦痛，失去的是他們至親的愛。所以，愛本來就是煩惱，是在十二因緣的煩惱起因，也就是人生的煩惱。

其實這事件瞬間的發生，責任要歸咎在哪裡，都已經是多餘了，這都非人事先能知道的事情。這時候大家要寬心、要善解、要包容，我們要更加知足、感恩。學佛者必須記得要善解、包容，要知足、感恩。包容就是要用開闊的心，不要跟著抱怨，我們要用寬容，讓悲傷過去，讓心靈跳脫。知足是好在慶幸，好在仍有一絲的光明。

事情已經過去，見證無常、見證悲苦。無常在苦集，所以我們見證無常，苦空無常，我們現在要知道苦在哪裡，人間最具相的是八苦，生老病死、愛別離、怨憎愛等等，這都是在這八苦中很具有形相的。但是裡面最重要的是集，集就是業，善惡業。所以師父常常說善要做來囥。本來是人間該做的事，我們在人間都可成佛。地獄與天堂讓我們理解天堂人的樂趣，地獄的苦趣。這就是六趣裡面的「趣向」。所以我們到底是向天堂或者是向地獄？我們學佛者，絕對不去地獄；也不想去天堂，天堂只是享樂，福樂享盡，還是有依業要受報。

我們要的是超越天堂，要知行菩薩道。菩薩「緣苦眾生，同體大悲」、「人傷我痛，人苦我悲」。我們還要發揮無緣大慈，同體大悲的精神，就如我們接觸到的家屬，我們要去撫慰他們，期待他們發洩掉了悲淒激動，再好好的、溫暖的陪伴在他身邊，給予依靠。

悲痛應該要隨著時間一秒一秒的過去，但是我們要把它轉苦為樂，為什麼要說樂呢？那就是法，得到了法真實感的樂，所以叫做「法喜充滿」。

慈善本來就要面對苦與無常，時常發揮智慧慈悲，即時的智慧是要用在前頭嗎？那就是淡定。不要跟著這樣的悲痛一起痛哭，大家哭成一團能做什麼？這個時候，就是智慧在前頭，大家很淡定，能看清楚要給什麼，補充什麼？這就是大勇，智慧的勇敢。所以大慈大勇，智慧的勇敢，勇敢就是智慧，不是盲目的動作，我們是淡定有承擔。

現在要開始知道「滅」，已經是過去了，景象也要隨時間讓它過去，轉為法，接受教育，要把它滅掉。我們要知道，「苦集滅道」，那樣的陰影在我們的心靈要掃空，這叫做「滅」轉為「法」，見證無常。不然的話常常說苦空無常，不知苦空，不知道何謂無常，也不知道什麼叫做觀身不淨、觀受是苦？法在這個時候顯現出來，已經感受到了法在人間。但是無法說盡人間法，因為人間多造業，所以沒有苦就沒有法。因為有苦的法，人間法，所以我們要用佛法去對治它。眾生有苦法藥醫，人間有苦法藥醫。

印證佛法所說的無常苦空、苦集滅道、觀身不淨，觀受是苦，觀心無常，觀法無我，我們的心也是要隨著時間過去，不要憂鬱，不要讓糾結的陰影一直在心裡，要讓它不住在心中。不要放在心裡，要撥開過去，即時法在現前。

更要提醒大家，因緣果報是逃不過的，但是積善之家必有餘慶。善積少成多，滴水成缸。惡業也一樣，不要無所謂的認為，這哪有多少？

學佛人要智慧、慈悲、寬容、包容，我們要善解、包容，要往善的方向去解說。生老病死，本來就是自然法則，彼此之間要珍惜因緣，是給我們很大的教育，體會佛法的真實，不是虛幻的，它是真實。

（節錄自二〇二一年四月六日上人開示：與投入火車事故關懷的各地志工溫馨座談）

生命有限，慧命無窮。體會輪迴，就明瞭如何來去。

時間又過去了，一週一週過去啊。菩薩們愈來愈像菩薩，因為我們人人為了入世。世間，真是苦。大家都用真誠，用職業成為志業在投入，令人感恩。

要說感恩，就要感恩每一個慈濟人，沒有那一群慈濟人，就無法有今日的慈濟。要說慈濟人？我算是零號、第一個。後來有三位來皈依，就一、二、三，現在我們可以看見委員號，「慈」、「誠」，假如是夫妻檔，就是同一個號碼，人多就力量大。

最早那時，空間是小小的木屋，在地藏菩薩小廟，空間那麼小。小木屋外面，一口大大的鍋，對比起來，地藏菩薩廟建築物是那麼小，鍋子是那麼大。

「一粒米中藏日月，半升鍋裡煮山河」，當時用那麼大口的鍋，沒法用到滿，總是米少水多。那個時候才有多少的會員？地藏菩薩的小廟，稱為大殿好了，一共容納不會超過十八個人。

現在聽到全球這麼多的慈濟人，走過了那麼多個國家（地區），都有分支聯絡處。哪個地方有災難，哪個國家有什麼事，慈濟人就即時現身去付出，這不就是人間菩薩，最實在的時代嗎？佛陀時代，他的理想一直一直延續到了我們這一個世紀呢！這是真真實實的實現。

在佛法裡，我體悟到了，「但願眾生得離苦，不為自己求安樂」。除非你敢犧牲，你敢吃苦，你不求安樂，只為眾生。半世紀以來，庸庸碌碌地走過來，到底什麼時候安樂過呢？沒有過。

我面前有兩種花，一是我早上在角落裡看著的茶花，還沒結蕊，還沒有生花苞，我每天都會看著它，到底什麼時候會有花苞出來。一不小心，看到了，一個花苞開始小小地要準備出來。再經過幾天、幾個早晨，花就完全盛開了。這種萬物的命脈道理是如何在進行，這就叫做「行蘊」。裡面的道理含藏著，在有情、無情，在人物、植物、動物，這樣生命的脈絡，無不都是不斷地在進行，植物也是一樣，總是看著、看著。

前幾天，不知道是誰，把一朵花剪了。後來被我發現在桌上。這一朵花，先是看著總是完整，很鮮豔。再過一天，看著更盛開；又過一天早上，看著好像葉子的邊邊，有一點點的黃；到了現在，我看著花朵已經開始枯了。到底這一朵花，裡面是有幾朵花瓣拼起來？一個花苞裡，到底隱藏了有多少花、葉、瓣在裡面？多少花的種子又要撒播在大地裡？

所以，「一生無量、無量從一生」。我們的心念也是一樣，剛剛知道有年輕人在二二八在花蓮舉辦一場無肉市集，很感動。現在的年輕人有心，儘管我一直在推齋戒，但光說也是沒有用的啊。可是年輕人很勇敢，他們不只是說而已，他們去推，推無肉市集。在花蓮舉辦，很多年輕人響應，而且舉辦過後，幾千人的市集，地上零垃圾。所以不是辦不到，是沒有勇氣辦。沒有發大心，沒有立大願，對自己沒有信心。假如對自己建立信心，就要勇敢發願，有了願，就會身體力行，也可以做得這麼好啊！假如這樣的活動能多辦、多呼籲，就會真正地拯救很多的生命。

製作五百個便當，要用多少隻雞或隻豬？想一想，一天到底吃了多少生命。每一條生命，都有牠的靈魂。靈魂會反撲！這就是吃人半斤、還人八兩。所以你吃多少，就要還多少。這一世當人吃幾隻，又要再用多少世去還？總是循環因果，因果循環，世世代代。現在發現年輕人，他們可做、他們可說，去帶動更多年輕人不吃葷。以臺灣做為一個根據地，一個素食基地的根。期待帶動全球，成為清淨無葷素的亮點！

會素食的年輕人，就是已經在淨化心地。我一直的心願就是要淨化人心。能淨化人心，無法淨化人身，這個身軀無法度讓人人去向著素食，就是「無法度」，所以要身體力行去做出來。

生命有限，但是慧命無窮，慧命可以不斷隨著這樣的時代去創新。聽到了環保在做，看到了老菩薩的用心，我很感恩。看到年輕人在提倡素食，我更愛，很期待這一群年輕人成為法親，希望這些年輕人接受佛法，走入了佛法裡，去理解佛法，對人世間的生命物，物命、人物命、植物命、動物命。人、動、植物命，年輕人能多去了解，體會生命的來，如何來去，往何方去。

我自己已經知道，一片新鮮的花葉要枯萎掉了，但面前有一朵假花，是被丟掉再撿起來編成的。這是一朵永不凋謝的花。生命被摘下來，它很努力地展現出了它的美，但是最終，還是會被丟掉的，這就是生命，花朵的生命。

人的生命也是這樣，所以還是要努力！但願人要像這樣，哪怕被丟掉沒用了，再撿起來，把它編成一朵花，就是永恆，就是道理。哪怕是我不在了，你們把這樣的道理傳承下去，到了你們不在了，它的道理還可以再延續。所以說，我們的現在，是未來我們在曾曾孫的傳承，我們就是我們的祖先，我們現在的人，是我們未來的祖先，這就叫做「輪迴」。

我們這一輩子，不知道來生是否是人身，也不知道來生是否是動物。跟我們結怨的人，恨我們的人，要吃我們的肉，啃我們的骨，你們聽過嗎？我恨你，恨到了要吃你的肉，還要啃你的骨。這人作惡，就是被恨，想要把人拆吃入肚，我們吃肉，是否曾經也是很惡劣的眾生之一？

不過我們很有幸，我們現在坐在這裡，都是好人，都是善的人。所以我們保證來生，還是人身。期待我們代代都在人間，行菩薩道。

天堂沒有菩薩可成，天堂沒有佛法可修，所以永不成佛，唯有人間，它是善惡參半，有善的人、有惡的人，有貧的人、有富的人，富有的人去幫助貧困的人。

看看這兩朵花，同樣地美，一朵是永不凋謝的，被丟在地上撿回來編成的，很漂亮的花，一朵是剪下來的，已經快要謝了。「一切唯心造」，希望人人心中有法，智慧永恆，期待法用諸人間，福慧雙修，才會永遠不凋謝。

（節錄自二〇二一年三月八日上人開示：週一志業溫馨分享）

第七堂課

無謂名利，成就人間事。生命要負起生命的責任與價值。

日子過得好快，時間總是這樣的快速，感覺是這樣，事實也是這樣。

世間過得真快，有很多事情需要做，來不及，所以永遠都覺得時間不夠用。有時就需要人多，人多好做事。

這麼快速的時間，除了生小孩，養育小孩，到底還有什麼？人生怎麼這樣的無聊，只為了一個家庭，還有其他的目標嗎？

有時貧窮苦難的人，反而他們的心是清淨無染的。看看莫三比克共和國的人，語言不相同，膚色不相同，體態不相同。很多不相同，但總是有一個相同，就是向心力相同。在苦難中，我們給的不多，可是他們的腳步是跟得最緊，而且很單純，很貼心。

這一輩子我毀譽參半，常常聽到不同的聲音，讚嘆當年也有，莫名其妙的無明風也有。無明風是什麼？就是批評。批評的事你們有沒有做到？都沒有，就問心無愧啊！中間人會說，你們怎麼不會解釋？清者自清，為什麼不提？師父常跟大家講要吞忍，忍是不跟人爭鬥。

我這一輩子與人無爭，與事無爭，與世間無爭。別人批評，師父我懺悔。只要我們做的沒什麼錯，人與人之間難免是有不同意見，那很正常，因為我們都是凡夫，只要問心無愧。

但是呢，有時候想來也是無奈，慈濟被批評，不是最近的事情。面對批評的人，心想反正他還不清楚，才會一直嫌，你要讓他飽足，學問飽足，他才會認識道理。所以還是要繼續的陪伴他，幫助他。

這都是凡夫，凡夫就是因為還沒有很飽足。縱使是博士，提起博士好像很光榮，但沒有什麼，博士比較不穩，因為下面小，上面大，對不對？還是博土（臺語）比較好，比較穩重。慈濟的環保菩薩就是博土（臺語），他們對那垃圾瞭若指掌，這個塑膠拿起來是什麼材質，捏一捏就了解，不管是PT、PP，很多項都很清楚。

一位高雄的環保志工，眼睛看不到，但罐子（玻璃瓶）拿起來，清清楚楚。她站在照片前面跟人導覽，我問她眼睛看不見，玻璃瓶的顏色怎麼分類？她說，有啊！顏色我都分得很清楚。我拿一個白色的，給她摸，她馬上說這是白色。真的那麼準？再去拿一個，她摸這是咖啡色。對啊！真的是咖啡色。我就往左邊，再去拿一個，我說這一回妳再猜猜，她拿起來摸，這個是藍色的。

我問，妳怎麼那麼清楚，都猜得那麼準？她說，師父，顏色摸久了就會知道。摸咖啡色的感覺，跟藍色的感覺，粗跟細，有觸感，我摸久了，到後面就會知道。

所以說，人要活著，都有門道，要活下去，一定要有一條路讓他走。不管無明批評或看不見的了解，門門有道。慈濟門已開，要適應人人的根機，路已鋪平，四大志業就能好好走下去。

就如今天，臺東的縣長、校長、老師們來了。他們有個請求，希望我們幫豐田國中足球隊蓋宿舍，前一回是棒球隊要蓋學校。我們發現臺東的棒球很有名，而且那裡的孩子、原住民的孩子，對此很有特長與興趣，也希望可以為臺灣爭光。我也認為，要多讓社會、為教育有希望，只要好好的培養他們，就能正當的給予他們安定的生活。

這都是慈濟五十多年來積極在做的事，從最根本的人間最需要的慈善開始。先讓大家肚子飽，不會孤老無依、沒得依靠，我們給他們做依靠，這都是順應時代所需要。我們盡量、認真的做到如何增加力量，如何承接社會責任，我想這是人間最有價值的，這也是最近常常說的，「生命要負起生命的責任價值」。

數十年的人生，如是一致，我們的法，其實沒有分別。無論如何都是同一個法，一法應萬法。水，不管是溪河泉井，名稱不同，溪水、井水、泉水，不管從哪裡來的水，水都是一樣的。這是我們整個宇宙間的濕氣，沒有濕氣，乾燥沒辦法增長萬物，所以空氣中也有水，一點點空調冷氣，都會看到水滴下來，從空間的濕氣中抽出來。

人還要求什麼名？人常迷失在名利中，名常常展示在學問有多高，但有用嗎？學問高，有時不懂理。理者，禮也，理跟禮無法去表達，也無法去理解，但它真真實實存在那裡。

學問大，只是文字而已，文字能懂，但普天下文字你就懂不完，語言也懂不完。沒有一個人能真正的博到哪裡去，最好，我們要穩定我們的心思，把我們的心與思想，好好的正向發展。只要一點偏差，就會喪失掉做人的責任。若是不對，這個價值就沒有價值，空有其名。

其實，張三、李四人人有名，每一個人都有名。我常常問，孩子你叫做什麼名字，沒有一個說我沒有名，每一個人都會報出自己的名字。但有些孩子有先天的不足，後天再怎麼樣來彌補他都還是不足。所以需要的是陪伴。要不斷的勉勵，提醒不足，不斷地補充、補充。他需要打氣，需要陪伴長大，這才是正向。褒人的話不需要說太多，卻需要不斷地提醒，這就是真誠的愛。

《法華經》就是佛陀來人間的一大事因緣，是大因緣、是大事，要教人人成菩薩，菩薩就是要如何去成就人間事。各位菩薩，愛的能量無窮無盡，佛法就是世間法，世間不離佛法，求法沒有在世間應景，如果離開人間求法，如同在龜上求毛，兔子上求角，求不得。求佛要在人間，離開人間就沒有佛法，因為佛陀在人間佛法，所以要學佛法就在人間求。

感恩，佛法很奧妙，鼓勵大家深入經藏，發四弘誓願，眾生無邊誓願度，煩惱無盡誓願斷，法門無量誓願學，佛道無上誓願成。最重要的就是要斷煩惱，人生最苦就是煩惱，心的煩惱貪瞋痴。這就是真實的煩惱，還會造就無邊際的業力。對於人間破壞會很大，所以請大家要時時多用心啊！

（節錄自二〇二〇年七月二十七日上人開示：慈善志業體同仁座談）

第八堂課

把握時間，啟動自我生命價值。愛護環境，不要污染地水火風。

時間就是那麼無情的過去，它不會回過頭來，與你打個招呼。我們人啊，總是很無奈地，被動地催著、拉著向前，也由不得你停留。我好像時常在說，分秒、秒秒，我們要把握。可是在聽的當下，時間又是秒過，空盪盪地流逝著。

人世間的苦，要如何去解脫？是自己跟分秒之間、還有空間，那樣的拉著、纏著。普天之下，那麼多苦難人，我們又能做什麼呢？只有一個期待，就是要有無數的我，有著跟我一樣的心，雖然是不同的身軀、身體。

最近我也常常說，人間的價值、生命的價值，是為了人間疾苦而付出。常常我對自己詢問著，我經過多少個年頭走過來的足跡，到底最終往哪裡去？要說我走過的路，短之又短，我怎麼走都是在臺灣這塊土地，我從來沒有跨出過臺灣。到底我整天走了多少路，是可以算得出來的。但是我的心，是開闊無邊際的。每一秒鐘，所想的是天下人！天下事啊！四大的不調啊！人心的不合啊！四大的不調，造成了多少人間的苦難，氣候變遷人人都知，能知道它為什麼變嗎？是在人的生活中，無形中在變。

我們小時候，交通工具是牛車，還有輕便車（臺車），靠著車夫推著跑。現在交通，空中飛、地上跑，還有海上渡船等等。各種交通很方便，但都在污染著環境。提煉石油、造成碳排放，無不都是污染源。森林，你不要去動它！人間也不會像今天，氣候變化劇烈，野生動物的家被破壞。這都是人造成的，人的生活、思想、行為等等，改變了一切。若能安分守己，不要有那麼多的貪念，這個世間應該不會有那麼多的污染與破壞。

我們善惡拉拔，能不能迅速回頭是岸呢？人的本性，迷失掉了，無明多了，會執迷不悟。我們醒悟了，就會即時回頭是岸，趕快歸隊。

每一回我到高雄，在靜思堂外面下車，繞著路走去，我一定眼睛盯在路旁的幾棵榕樹，那榕樹很大棵。它的榕鬚、樹身、樹根，從上面這樣垂下來，一根根地跟地氣相接。這個根往下面再傳，上面這條絲，就變成了樹的枝幹，就慢慢會大起來，所以同一棵樹，它會有無數的樹幹。

還沒出家前，去過臺東都蘭山。與修道法師在都蘭山裡繞著一棵樹行走，繞了好幾個鐘頭，繞不出來。因為不知道它已經存在幾千萬年了，也許在一開始時，這一座山就已經有了。這是自然，有山就有樹，整個樹鬚與地氣相接，從那裡伸出去，本是同根生啊！

總而言之，這就是天下，看看一塊地，到底有多少植物。〈藥草喻品〉，無不都是草，無不都是藥，在天地之間，隱藏著很多的奧妙！

氣候無形，但是它有春、夏、秋、冬。春夏秋冬，你看不到、摸不著，可是感覺得到，春天來了，大地綠化起來，氣候也溫和了。慢慢的夏天到了，感覺熱了，需要有冷氣。現在開窗，大家嫌不夠，還要裝冷氣，這跟以前的人不一樣。以前的人，冷就是冷，熱就是熱，自然的法則，寒冷時你要多穿衣，熱的時候你穿薄衫，總是順應著季節，在季節裡生活。

我一直都說，水就是大地的生命，是人類的生命，所以大地沒水分，什麼草都不會長，何況是樹，何況是人。但是這個水分，需要把它污染得那麼多嗎？為了滿足人的口欲，同樣一杯水，經過工業、商業去造化它，成為可樂，反而害了人體。原本乾淨的水拿來就可以喝，就這麼直接簡單，對身體的利益更多。地水火風，都是一樣的道理。大家用心去體會，這裡面的道理就很深。

時間還是這樣地過去，我們大家要好好把握時間，把握生命價值，動起來，讓它成形有相。哪怕是用輕便車（臺車）用推的，只要推動，好好地，它爬上去，就可以滑動。只要大家有心，就不難了。希望大家多用心，也要多發心。

（節錄自二〇二一年三月十五日上人開示：週一志業溫馨分享）

第九堂課

守志奉道，其道甚大。堅定道心，必須身體力行。

人生何價？「時間、空間、人與人之間」，要好好地把握。到底什麼是重要的？是健康，身體健康。要比身體健康更重要的，那就是心理健康。要比心理健康還要更重要的，那就是需要把握時間。我們能把握時間，有這樣的身體，我們可以投入人間，去利益人間，這才是我們來人間最重要的一大事因緣。

「一大事因緣」，就是佛陀覺悟的那一刻，「奇哉，奇哉！大地眾生皆有佛性。」是啊，這就是我們要把握的，大地眾生皆有佛性，佛性平等，生命平等。在這個時刻，我們要如何在眾生之中，發起了一份菩薩心？

雖然我們覺悟了，體會到生命是平等的，但是如果我們沒有把握它，生命就會銷毀、浪費掉的。每一天、每一個時間都是空空的過去，對人間也沒有什麼利益。這都是在銷毀人世間的資源，還有創造了污染。

佛陀來人間是為了人間眾生，所以他出現在人間。我們學佛，就是要學佛陀的這一念，不是為自己，是為人間。所以，如果大家都是共同一念，就是有心、有緣，有知道，把握因緣；知道，不把握因緣，那叫做無心。但是，有心，知道了，這就是有志一同。

其實師父一直一直都很擔心。疫情來臨，彼此都沉默，真是難以言語。我一直說「無法可說」，說也沒有用，這一波的疫情是眾生共業，它已經籠罩全球。

「善惡無記」，善與惡無記。我們人人都有這一份的與佛陀平等。在佛陀的時代，有佛，也有提婆達多，提婆達多同樣和佛陀在皇宮裡，他們是兄弟，是堂兄弟，都是王子，但是兩個人的心態就不一樣。

一位是為人間，發現人間苦難，所以他感覺人生無常，修行了，覺悟了，並投入人群，來講道理，分析天地的真諦。佛陀可以談天文，也可以說地獄，在《地藏經》，他就可以把忉利天的生態，很詳細的分析出來，除了講天堂的享樂，他也講地獄，說地獄的大苦難，是談樂說苦，這濃縮起來，不管是享樂還是地獄，都是在人間。所以，人間，迷者自樂，自快樂；造惡者，那就是受苦難，這都是在人間。

天堂沒有佛法可說，因為大家太快樂了，被迷惑了，所以他們不想去探討真理。因為有無盡的壽命，物資又豐富，所以沒有想要去探討真諦；而苦難的人在地獄，已經受果報了，他們要求道也已經來不及了，沒有時間了。所以說，天堂與地獄都沒有佛法，唯有人間，苦樂參半！

我們人間，還有空間，你說苦嗎？其實人間，閒的人很多，道理擺在他的面前，他沒有心去思考人間道理，他就是沉迷在貪欲之中，還在增加造業。所以，人間受到了很嚴重的破壞，就是這一群人，在貪婪中、不覺悟，災禍臨頭了，但是覺性還沒有覺悟，還沒有抬頭。這樣的人間，很令人擔心，這一波的疫情，已經眾生造業，業力現前了。

現在只有一個靈方妙藥，就是齋戒茹素，就是懺悔，要彌補過去的迷茫，貪婪中的造業。因緣果報已成，現在應該要及時，要及時懺悔啊！除了懺悔之外，還要抱著慚愧的心，要感恩。因為身為人，還是一樣要生活，生活還需要人間的物資，沒有人間的物資也難以生活。

人要住就需要蓋房屋。房屋也可以做不同的利用，像我們現在的分會，可以大家集合在一起，在那裡精進，彼此分享，互相勉勵，這就是一個房子的價值，就是菩薩道場。同樣是房屋，在美國的拉斯維加斯賭場，就是完全不同的情況，「拉輸就回家」！人間，總是在那樣的賭場裡，在那裡互相拔河，在那裡互拉，拉輸了就倒下去了，就回家了！人間不都是這樣嗎？都是執迷不悟。

人間真的很可憐，佛陀來看人間，憐憫眾生。佛陀雖然覺悟了，了解人間是苦，他還是要在人群中，不斷地、不斷地耐心說法。其實人人這種迷，佛陀已經花了很多時間解說，用了很多的氣力來呼喚，四十多年過去了，有用嗎？人還是在執迷中，所以我們要知道，要如何「守志奉道，其道甚大」。

「守志奉道，其道甚大」，是佛陀的教法，給我們一條道路，這一條道路就是要利益人生，不只是自己。守志是為自己，我們接受佛陀的教育，好好地堅定道心；守志還要奉道，就是身體力行。

守志，還要奉道，「其道甚大」，我們若會守在我們這條路，這條路就寬闊了，這不只是懂佛法，還要把佛法身體力行在人間，我們要為菩薩招生，人人都成菩薩，翻轉凡夫成菩薩，淨化人間。就是要「如是法、如是行」。

最近在臺灣的慈濟人，手中都拿有一卷「傳家寶」，這是師父五十五年前，開始的第一篇文章，應該就是第一次說的話。五十五年前的文章，現在再拿出來看，一模一樣，一句都沒有漏失掉。這就證明五十五年前開始，師父說的話、立的志願，開始起步走的源頭，一句都沒有差，一個字都沒有錯，從現在來印證過去，就是最好的見證。

最近我常常說，要過秒關，一分鐘，六十秒；一個鐘頭，三千六百秒，一天，八萬六千四百秒，就這樣，一秒鐘都沒有偏差過。就如一枝鉛筆，放在軸心裡，心沒有分毫之差，心假如一點點偏，那就是千萬里之差。「守志奉道，其道甚大」。五十五年的時間，可以告慰自己，對自己也讚歎了。

（節錄自二〇二一年三月十八日上人開示：北加州分會視訊連線）

第十堂課

無常不必牽掛，離別只是因緣。瘟疫不是人可擋的，茹素才能去除果報。

利他的種子已經自我不斷地薰陶，把自己的煩惱是非，好好地學習如何去除。煩惱沒有用的，那都是「業力」。業力牽纏著，忽然間有什麼無常出現，最愛的人離我而去，不但是生離死別，還有愛別離苦。我最愛的人，為了前途，要離我遠去，也是捨不得，也是一種煩惱；或是無常的事情來臨了，突然間活生生的生離死別了，那一種的牽腸掛肚，也是煩惱。

這種煩惱，對己、對他都是沒有用，佛陀這樣的開示，你要知道因緣果報，你我有緣，也許是來報恩的好緣，他還我了，來報恩的，已經幫助我了，而且幫我去做事了，這都是好緣。有朝一日，他被其他的方向誘惑過去，離開這樣的道場，這也無奈，但是又奈何！或者是死別，一場無常，有一個人，走入了師父的慧命中，幫我去做事，突然間卻再也看不到了，離我很遙遠，但是也只能期待來生。

要期待來生，那就是要相信，要讓他毫無牽掛，順著他的因緣。他離開了，再去的地方，是一顆清淨的種子。他帶回來，在他的八識田中，清清楚楚，沒有煩惱。長大了、小時候他就可以度他的父母。

我現在常常都會看到別人手裡抱的孩子，這樣小，我看到了，手摸摸他的頭，他會雙手合十，沒有人教他，他只是看到我，他就會合十。或者是在他的家裡，看到我的相，他也跪下來，聽他的父母都這樣跟我說，孩子茹素了，阿嬤要給他葷的，他還不會講話，他會一直推掉、推掉，他選擇的就是素。這樣的孩子，我就相信他也是師父的弟子，他前生再回來了，師父還在，他捨去又回來。

我們要相信意識。現在師父說話，你們耳朵在聽，其實是意識，假如是耳根聾掉了，哪怕坐在身邊，也不知我在說什麼。佛陀的時代，在講《法華經》，講到了舍利弗請佛陀說法，經過三次邀請，佛陀第三次才說：「你既已三請，我豈能不說。」當佛陀真的講道理時，講到一半卻有五千人退席。那個時候，其實五千人也都是形容詞，靈鷲山不大，那時候的人口，那時候的交通，哪有可能當場五千人呢？

五千就是五根，眼、耳、鼻、舌、身，這叫做「五根」。五根、五力，五根、五塵，眼睛不想看，耳朵不想聽了，這樣五根、五力就退席了。打瞌睡的人，坐在那裡，眼睛閉上了，耳朵沒有聽了，眼睛沒有看了，他人雖然在那裡，但法沒有聽進去，所以五千人退席了，五根都沒有作用。

沒有作用，哪有意識呢？五根已經沒有作用，意識就沒有進去，這個法的分別就是有沒有進去內心裡，所以這就是我們的人生。唯有你聽進去的法，自己真正的投入境界，感覺到幫助人的感覺很好，做好事心很安，那一種真正的境界，記憶最深。所以說身體力行做好事，這樣的記憶，意識就會記住。

總而言之，人生無常，不管是人或者是動物，人物、動物，這都是離不開生命。完整的愛很重要，這就是我們要修行的，你有愛才會關懷人的苦，所以說「菩薩所緣，緣苦眾生」，眾生不只是指人類，還包含所有的人物、動物、植物。

說到植物，人就會說：「師父，植物也有命啊，稻子要割，菜要拔，您要如何解釋？」對喔，稻子要割，菜要拔，但是這叫做天地的自然法則，也是循環。稻子沒割，它會枯萎掉；菜沒有割，它會謝掉。但是它被割起來，人心安理得，所以不要去糾結是母雞先有，還是小雞先有，還是蛋先有，在那裡纏，這叫做纏，這叫做煩惱，這叫做無明。

因為自然法則就是這樣，只要你問心無愧，只要你不要真正的明知牠是動物，你認識牠有命，故意去傷害牠，這就是良知。有人又會說：「我沒有故意傷害牠，我只是吃牠。」吃，你吃什麼？吃肉。什麼肉？雞肉、鴨肉、豬肉，這你都分別得出來，牠就是肉，無不都是眾生肉。

我們已了解，大家知道人不能傷害人，就是不知道眾生的肉也是有知覺的。只知保護人，卻不知保護動物，這叫做無知；只是有知於人類，而無知於動物。所以你說人多聰明？一點都不聰明，因為他還是在欲念裡打轉。但是能說嗎？說了，愛吃肉的人，他還是要吃，但是知因果，不守因果，又有一個罪惡感，所以不說也罷！

食物鏈，病從口入，你吃了動物，動物的病毒，牠也是從口入。尤其是人愈愛吃，畜牧業會愈發達，愈想盡辦法去養殖，畜養動物，用很科學化的去孵化牠等等，這樣的還不都是用基因，還不都是用生命去孵化生命，同樣都是有感覺，所以我總是要人們培養愛心。

佛陀的時代，他也說瘟疫非人可擋；師父從前年開始，就說難以言喻。非人可擋的這種疫情已發生，無法可說，去年一整年過去，到現在，我現在非說不可。所以也期待慈濟人，「守志奉道」，對的事要精進，還要再繼續呼籲，下一代要傳承，這是我們的使命。

（節錄自二〇二一年三月十八日上人開示：北加州分會視訊連線）

第十一堂課

惡從邊緣生，絕不能輕心。絲毫之偏，差之千里。

人人都常常聽師父說，佛陀在人間，他第一個教導的就是發現天下眾生皆有佛性。所以，眾生皆能成佛。既然是皆能成佛，人人本具有佛性，我們除了人以外，也普及到其他的動物。人物、動物，都要共為一個既有的佛性。

「既有佛性，我們就要學」。無量劫的「劫」就是長時間，很難去計算。一劫就難以計算了，何況無量劫。我們一念無明，就可能啟動了無明的方向，絲毫之偏，差之千里。從本具有佛性，變成一直到了五道輪迴，在天、人、地獄、餓鬼、畜生五道中輪迴。這都是毫釐之偏，一不小心，貪瞋癡，一偏向就是千萬里的差別了。

所以常常跟大家說，我們要細心、小心、多用心！因為有的時候，善惡無記。善與惡從哪裡來？同樣存在那一念間，偏毫釐，偏一點點，那就是「惡從邊緣生起來，偏向毫釐，越差就是越遙遠」。

就如《法華經》的貧窮子。他本來就是在富有家庭，只是一念貪玩，脫離了他的家人，流浪出去，就迷失了方向。時間一直在過去，空間是遼闊，所以他已經迷失了回家的路。但是當父母的，心心念念記掛著兒子，兒子的形象永遠都在父母親的心中。

那一位流浪子，在外面流浪很落魄，有一回已經回到了家門外，他卻很畏懼，不敢向著家門進來，在外面徘徊。他的父親一見就認出來了，但怕驚動他，父親就自己脫下了莊嚴的衣服，也打扮得跟他差不多，這樣總共經過了一次再一次，共三次，所以叫做三乘。小乘、中乘，最後是大乘。

然後很直接地跟他說，來，進來這個大門。進門來，去看一看豪宅裡面，有很多很多的寶。看看裡面的寶藏，才會想到自己；自己身無一物，這是別人的寶藏，不是我的。看到「不是我的」，就表示自己也期待擁有這樣的寶藏，這種叫做「因緣」。

過去我們都不認識佛法，已經聽聞了、聽到了，佛法能解開我們心靈的煩惱。但還需要再繼續投入，了解到煩惱其實不是別人給我的，是我自己起心動念而有的。再深一點了解的話會知道，原來這樣的煩惱，只是自己的執著，把執著放開了，煩惱去除了，回過頭來我自己的本性就是回歸到了清淨無染，那就是清淨的本性。就如佛陀懂得感覺生命要怎麼來。

生命怎麼來？其實我們都不知道，只知道父母給的。但是，父母只給了肉體，我現在的認知，是人人本具有佛性。父母未生我之前，我是在哪裡？我在畜生道嗎？我在地獄道嗎？我是人道來的嗎？或者是天道？五道之中，到底我是從哪一道來的？這個問題我們都不知道。你也不知，我也不知，難以回答這樣的問題。唯有佛陀，宇宙大覺者，可以分析這些道理。一念無明生三細，一念的無明，讓我們生出了三項很細微的煩惱。這三項細微的煩惱，就是貪瞋癡。

這個動念一起，開始了十二因緣。緣，就是緣著十二因緣，這是人間最源頭的根本。假如我們都不知源頭的根本，學佛怎麼樣都是聽不懂，解不了，也無法解。就算是可以懂、可以解，同樣還是在自然法則。

在自然法則裡，空間在自己的空間裡，時間在過去，人形也在變。一切的一切在無形中的行蘊，這種五蘊，是微細的時間變化。我們在很微細地變形、變老，因為時間無形地過去，空間感距離也在縮短。

感覺整個地球的生態，真的是繁忙多了，地球變得更忙碌了。時間過得真快，才坐下來，談一件事，這件事還沒有談完，緊接著就有後面的意見，還有後面的個案。明天，又累積在明天，感覺到很多事情，重重疊疊，就是很忙碌。

這一波的疫情從去年年初開始，我們一直在關心如何幫助國際間疫情嚴重的地方。要如何給他們保護、防疫的工具，當然就會想到，有一群神職人員，是義工、是志工，尤其是宗教的志工。在西方，也許他們可以進入人群，但是缺乏物資。而我們東方，在佛教的系統裡面，人人都比較保守，發心的人發心，但是投入人群的不多。大家都很虔誠，都很發心，但是所發心的，總是在教團裡面，每個寺廟裡面信徒很多，護法不少，但是想走入人群的卻比較少。

慈濟五十多年前，立下簡單的「為佛教、為眾生」。為佛教，是不是要蓋寺廟？我的解讀，師父要我為佛教，不是要我去蓋寺廟。他要的「為佛教」，就是佛陀精神，慈悲喜捨，慈悲利他。不只是關門自修，求自我解決，不只是自修求解脫。要有「我不入地獄誰入地獄，我不入人群誰要入人群」的精神。我的解讀是，慈悲就是捨我成就他人。知道佛法好，光說無用，我要投入去做。所以，德不孤，必有鄰。我想到了，想要幫助人，但一個人力量是絕對不夠的，所以提出了這樣的觀念，要你願意，他也願意，三人以上叫做眾。眾生的「眾」，就是三個人。眾志成城，所以在慈濟功德會剛創辦的時候，用竹子做了存錢筒，鼓勵大家每天存五毛錢，五毛錢也可以救人。就這樣開始存、開始慈濟志業。

總是聞法，要沒有分遠近，同樣的珍惜，好好地銘刻在心。時常說無常無常，也許反反覆覆，但是同樣，「法無二」就只是一項。佛法，就是這樣十二因緣法，教我們把握因緣，時日已過，教我們做什麼呢？就是六度萬行。布施、持戒、忍辱、精進、禪定、智慧，就是六項。布施，最契合我們的機。

慈濟是個日不落的世界。到底是早或是晚？這都不一樣。沒有秒差，只有時差，每一個國家的時間不一樣。二〇二〇年，新冠疫情蔓延，慈濟全球紓困國家總計有四十二國家地區，幫助四百六十三萬戶，已經有一九〇〇萬人次受益。今天是全球的精進日，很感恩，想到現在普及全球慈濟人，大家用心，共同一個心願。同心同志願，這一顆心就是愛。愛普及全球，眾生無邊誓願度。

滴水成河，粒米成籮，每一個人一點點的力量就能助人。一隻牛在拖車，還要爬坡，實在吃力。若大家一起，人人若是出一隻手指，多推一下，這一部車就可以一整部車，爬上坡去。慈濟的弟子，我們都是慈濟人，同行慈濟事，慈悲救濟的菩薩道。菩薩就是慈悲，菩薩緣苦眾生就是要救濟人，是慈悲濟世，所以叫做「慈濟」。大家學習「慈濟」，這兩個字，一輩子還不夠，來生來世我們還要繼續。

（節錄自二〇二一年三月七日上人開示：全球精進日）

第十二堂課

數字，永遠無法滿足。回到一的本質，才是自己的價值。

菩薩在人間。你們都是面對著人世間所需要關懷的法親，難得因緣，發揮了大慈，虔誠地祈禱天下平安。現在更需要的，是「同體大悲」，人傷我痛、人苦我悲，把我們難得的這個身體，身體力行的走入苦難人的環境，去幫助他們、協助他們，這叫做「拔苦」；安頓了他們，那就是「予樂」，讓他們心有所依靠。

常常都說這種數字，再多的數字，都是一、二、三、四、五、六、七、八、九，後面多了一個零，那就是不知要到多少，百千萬億一直到兆。我們要安分守己，有七、八就應該都很滿足。但是，人啊，總是有八還要進九，到九還沒有滿足，還要多一個零。再多一個零，其實是又歸「一」了，不是兆喔，那就是多一個零，就是再歸「一」。

「一」，這個「一」是什麼啊？是我們人人本來具有的，回歸到了自己，離不開的因子。「因」啊，是種子，不管是在大地上，多少植物都是各有種子。我們人也是一樣，每一個人回歸來，總是一個本性，就是一個業力。守得好，那就是本性清淨；守不好，那就是本性已經污染，成為無明。這個無明不小心的行動，差毫釐就失千里。

所以，不管好數字，都是越界，都是違規。假如我們守得好，那叫做無量，功德無量啊！假如心靈無明，不守戒、不守人間戒，那就是造業。

造業那一粒種子，不管是小草小樹、大草大樹，這都是我們自己的造作。

我們要把自己的生命變成人間至寶嗎？或者是人間污染的垃圾？這都要看自己。垃圾之前也都是新的、也都是乾淨的。要顧好這種乾淨的、清新的「苟日新」，就是我們的德。所以「大學之道在明明德，在親民，在止於至善」。

人間是一個大火宅，我們要如何來拯救這個火宅呢？就要設方便法。看看那一位慈父離開了火宅，在外面呼籲著：「孩子啊，出來啊！出來啊！」但是人人貪著待在那樣的火宅裡，好像很好玩啊，貪婪無度啊！這就是現在的人間。

很不容易，我們在佛道路上，只要跨出了火宅之門，就已經看到了這一條大道，那就是菩薩道。我們要呼籲「羊車、鹿車、大白牛車」，我們

「小乘、中乘、大乘」，不管是獨善其身，或者是兼利他人，在慈濟的法通通有。

無量的功德是等待我們去做，我們付出無所求，盡心力，那就是功德無量。記得「無量的功德是等待我們去做」，可以做到升「兆」，我們注意不要「逃」，中國字的「逃」，有數字的「兆」。兆、兆、兆，我們一定要無量功德，不是在那裡用數字來看。在辛巴威，五百億元，連兩條香蕉都買不到，用這樣的兆又能用到多少呢？要讓你們變成以「美金」來算，不光是在數字上算，是要好好地把握我們的價值。

總而言之，數字師父不懂，我不會講數字，但是我會講道理。但是「數據」、「事記」會需要，最近我常常都在鼓勵大家要好好整理「數據」、「事記」。因為發現慈濟這五十五年，為人世間的付出，說之無量，但是無量也有數。所以，在美國的每一位菩薩，你們在記憶中或是記錄下來的，也要統計一下，不管你們在哪一州，不管是哪一位菩薩，都要開始統計。我在臺灣，也期待人人把這樣的數字、數據整理出來，這可以與事記再統合一下，就可以浮出了慈濟的史記、慈濟的歷史。

（節錄自二〇二一年三月二十四日上人開示：與美國紐約慈濟志工連線）

第十三堂課

楊枝淨水，洗滌人間。記錄傳承，為時代做見證。

天下災難偏多，讓我憂慮，一直都在想著天下大乾坤多病態，地、水、火、風不調和，人的身心是無明，難以調適。看看國際新聞，每一天都是怵目驚心，大自然法則，地、水、火、風，有這麼多的災情。受苦難人，不計其數。真正人有多少苦，我就有多少憂，真的很憂慮，大自然帶給人類的災情，人心不調，也帶給了社會、時代、人類，多麼大的災禍，但是人還是不覺不知。

最近，大愛臺重播〈譬喻品〉，三界如火宅，不就是如此嗎？看到阿根廷火災燒這麼久。美國也是一樣，森林火災不熄，這是現在氣候不調。天氣熱啊，每一年熱度是節節升高，聽天文學家提起，今年又會比去年炎熱，又多了幾十天氣溫破表。熱度升高，時間拉長，這就是不調和。那是為什麼？我常常都說，人類人心先燃火，從心靈的，已經引起了火宅，造成了乾坤的火災。所以人心的火宅，乾坤山林的火，這都是見到了。

菩薩們，火，需要用慈悲的智慧水，慈悲與智慧成為淨水。我說過，楊枝淨水，洗滌人間，洗人的心，滌出了點點滴滴，化為淨水，來消滅人間的災情。能嗎？真的是有不能，佛陀三不能，無緣眾生不能度，無法度、無緣度，所以這就是無緣眾生。看看天下多少人口，真正認識慈濟，而且身體力行在慈濟裡的，少之又少，而且勤行精進的又更少。

有的時候，提起了資深菩薩，感恩投入慈濟，身體力行！是啊，我們都要感恩，沒有慈濟這一群人，沒有慈濟五十五年前的啟動，今天沒有慈濟，就沒有我跟你們的緣。沒有我們在就近的緣，哪有跨國，撒播了國際間愛的能量。截至二〇二一年八月十九日，慈濟的大愛足跡遍及一百二十六個國家地區。每一個慈濟去的地方，所得到的幫助都是無量的、有緣的、緣深的。那就是當地只要有種子，有慈濟人，這樣的緣，就會緣深在當地，苦難人、貧窮人，都會有得救的機會。

缺了緣，當地有苦難，我們去幫助，那只不過是一次。但哪怕是一次，就可以維持他們一個月、兩個月。時間會過去，缺了在當地延續下去的緣，他們得救的量與緣的時間就縮短。只不過那一、兩個月的臨時救濟，再下去還有緣嗎？就不知道了，要看真正的有福緣，當地就會有慈濟的種子，就可以延伸下去。

剛剛也提起了，有三不能，佛陀很感慨，要度化人間，因緣不是那樣的充足。兩千多年前，佛陀出現人間，就很感慨，有三不能，那是佛陀的三不能。無緣眾生不能度，無法度無緣眾生，實在是沒有因緣就是度不了。還有眾生要度盡也不能，因為眾生各有業力，因、緣、果、報，看看非洲，多少那樣貧窮困苦的人，我們再用心，也救不了太多人。要翻轉非洲的苦，只是個理想，但是理想也要落實，落實一小粒的種子，不斷地找機會造福田，一粒種子，可以生無量，多數人來行善，那就有因緣可以教育。

人人有因緣接受到佛法，有因緣聽到了慈濟法，慈濟法走入人間，緣苦眾生，這樣的善種子，人間菩薩，這都是菩薩。我常常都說，慈濟人不是人，不是人是什麼？是菩薩，菩薩在人間。人間菩薩，緣苦眾生，救拔苦難。

所以這種種因緣，期待可以把我們過去的歷史，好好地趕快整理起來，讓我看到了這樣的法與慈濟史。人間緣，要把它化成了，為這個時代做見證。人間菩薩，多少感人的故事，成就了慈濟，這就是慈濟史。為人間做見證，為時代寫歷史，我們現在這個時代，人間的歷史，我們要見證，要寫下來傳給後代，任何一個地方，任何一位慈濟人，都要寫進歷史。最窮困的非洲、富有的美國，我們的慈濟人就地在發揮，所有的歷史都要把它寫出來。

臺灣幾十年來很富有，也很平安，臺灣走入了國際，在國際間，把臺灣的種子帶出去，就地耕耘，已經成型了。所以拜託大家，人人盡一份心力，化不可能為可能。佛陀時代，人口沒有那麼多；佛陀時代，交通沒有那麼方便；佛陀時代要布教，範圍不能大。我們現在要傳法布教，工具很多，而且有更高的科技，可以找過去的、寫現在的、傳未來的，這都是我們現在的責任。

這一代的慈濟人，你為別人寫歷史，同時也是為自己寫歷史。某某人採訪的、某某人寫的、某某人所感覺的，我們活的生命，也是投入在那歷史的活泉裡。所以寫別人，同時也是活躍自己，也可以鼓勵人人自寫，寫出來了，我們再添一下，替他寫一段短文讚嘆見證。所以說最可貴的歷史是有見證，菩薩們，我們都要來做一個歷史人，同時也是見證人。我們見證過去如何做過來，也是見證自己，投入在歷史裡面，讓年輕人再為你們來寫，這樣彼此相傳，傳為人間歷史。

想到有哪一句話有鼓勵的作用，就趕快寫；或者是哪一句靜思語，可以勵志的，也趕快記錄。總是期待大家把握因緣，分秒都可以成菩薩，只要你的話有影響人心，你就是他生命中的貴人，期待人人都可成為他人生命中的貴人。現在眾生是心地乾旱的時刻，他們在等待那楊柳枝的一滴水，一滴一滴的甘露，所以人人都可以成為觀世音菩薩，那楊柳枝灑播他們心裡的甘苦！

（節錄自二○二一年三月二十九日上人開示：週一志業溫馨分享）

第十四堂課

時日已過，命亦隨滅。要醒悟過來，要懺悔自己。

人間何價？真正的人間要談什麼叫價值呢？生命在，身心要健康，我們有了生命，我們一定心腦健康，不能糊塗。現在的人間總是那樣濁氣甚重，才是需要我們去體會，唯有法水才能淨化，所以點滴法水淨化人心。

「人能弘法，非法弘人」，儘管佛法是那樣的美、真、誠，但是沒有人把佛法提起；有了佛法，如果光是用說的、光是如是我聞，佛法等於是虛的，很虛，虛設在人間。佛陀在兩千多年前，人間的第一項任務，就是要傳在世代，生生世世代代相傳；可惜，兩千多年的時間，在分秒中就這樣揮灑過去，時間長了，但是法就只是這樣流逝過去，在人間把佛法注入心腦裡，身體力行更是不簡單。

我現在總是感覺，來到人間這一趟，讓我感覺不虛此行，這輩子走一回，走一趟，真的不虛此行。因為我的心地風光、我的生命歷程，有這麼多的人間菩薩來跟我匯合，我們共同走在菩薩道上，就算是現在濁世的世態裡，我們可以人人愛，這些愛都是無染、清淨、無私的，不是自私有染色的，人人都是為天下人間願意盡一份的心力。要盡心力需要人多，人多力量大，才能把佛法真正地推行人間，才能真正地淨化人心。

年輕人接法、傳法，很好。期待這樣的接法、傳法，用真誠的心要永恆地為人間。事業、職業，有形的物質都是虛幻的、空的，自己的錢再多、名再高，能利益人間的人又有多少？推開名、利，用一點心，再多一點心，佛法吸收，轉知識成智慧，能把人世間的人事物分析得更清楚，讓它轉有形成為無形，那一種心靈享受、那一種永恆慧命，這才是真的我們生生世世可以永續，可以世世相傳。

最近我常常說，我的現在，還有我的未來，再幾十年後，到那個時候，你們就是我的上一代；上一代的傳承人，傳到了我再來的那一世，我們再代代再相傳，這就是菩薩道。菩薩道是永恆、是長遠、是沒有疆界，無無疆界，真的是壽無疆！我們的生命不是一生一世，我們的慧命是無疆無際的，所以我們去了還會再回來，這一條是菩薩道。沒有迷失的菩薩道，風光很明朗，讓我們來回不偏差，這就是我們現在要傳法、要聞法，把法開成了自己的菩薩道，借力使力，力力連接。

各位你們在遙遠的距離，但是我們的心是連結的。時間在過，是自然法則，我常常說：「久不見了，人會變啊！」這叫做「行蘊」，這個「蘊」就是不斷地行，就是不斷過去，就是一秒一分，秒秒分分地過去，分秒過去，鐘點時日，一個小時、一天、一個月，總是這樣累積起來。

但是時間空過，累積起來是有形的，人人都在自變。其實我們的生命是無形的，一個是消耗、一個是累績，時間是不斷地消耗過去，生命跟著壽命，壽命是有限量，這是有色的身體，壽命就是有色的身體。

我們要的是無量壽，無量壽就是有很長、很長，無法數計的時間。所以佛陀說法，每一部經都有無量無數，量如恆沙，每把沙，或者是恆河的沙，每一粒沙又把它成為世界，那個世界累積的時間，「恆沙微塵」又把它變成一沙一劫。在〈壽量品〉不也都一直一直很多壽命，所譬喻的都難以譬喻到，總是無量數、無量壽。我們不管人世間有色的生命體，他要給予我們多久時間，不管，最真實的，那就是當下這一秒，未來有多少都是虛的，過去也是虛的，我們現在是最實在的。但是過去的價值，是一種我們慧命的累積，利用我們的生命來增長慧命。

生命是一天一天的過去，「時日已過，命亦隨減」，所以說，時日總是輪流地過去，我們的生命隨著時日而過，過一天少一天，過一秒減一秒，要好好警惕：我們的時間有空過嗎？有光為自己活而活嗎？我們要更疼惜自己，為了自己活而活，更重要的是為我們慧命增進，要再增進，再前進，這就是我們這個生命的價值。

你有用到它，吸收到了法，從法推行在人間，這就是我們的慧命增長，要不然聽法還是凡夫。說給凡夫聽，沒有用的法，浪費時間，那還要聽嗎？法一定要聽入心來，所以師父聲聲的呼喚著，一再叮嚀再交代，是因為我不想要浪費沒有用的時間，我期待我說的話，人人能用得上，這樣我會對自己說：「有價值了！」

我的師父印順法師給我兩句、六個字：「為佛教、為眾生」，從那一刻開始，我「守志奉道，其道甚大」，就把它當成了一生的志業。這個志業我立定在人間，為人間開闊大道。各位菩薩，大道已經有一個雛型出來了，這一條道，真的見證人間菩薩，見證了利益人間，法喜充滿。現在人間苦難偏多，我們能去撫慰拔苦，把法、智慧傳給其他人，無明的心態推開了，那一線的智慧之光透進了他的心靈，呼籲他打開心門，走出煩惱、投入在人間。

這一波疫情是要警醒、警惕大家，要醒悟過來，要懺悔自己，「你的自己、我的自己、他的自己」，任何一個你，任何一個我，都需要好好的虔誠懺悔。

「懺悔則清淨」，佛法都是這樣說，有懺悔才能清淨，這一波的濁氣那麼重，需要的是人人都要付出這一份的虔誠，表達出來那樣有感覺的虔誠，所以請大家要表達出來，讓人世間有感覺的虔誠出來。

大家要好好地照顧好自己的身體，要照顧好自己的心理，更要用心、用愛照顧好天下眾生，不管你懂的、不懂的，是近的或疏遠的，我們都一定要關心。

（節錄自二〇二〇年四月一日上人開示・與美國芝加哥慈濟志工連線）

第十五堂課

不是辛苦，是幸福！全球情續，人多力量大。

菩薩所緣，緣苦眾生。菩薩度化人間，人間眾生剛強難調伏，一定要藉著苦難的境界，才能提醒人人，念無常，才會啟發人心。這一份愛，啟發菩薩的覺有情。人多力量大，有人才會有力，力多、量大，才能真正把這樣的菩薩網，把它披蓋起來。第一，自我造福，第二，保護國土的平安。這都是佛法，都是每一部經，都是不斷地教誡眾生，教誡我們人人要發心，善念、造福，才能消弭災難。

各位菩薩總是一定要認真！認真深入佛法，才能智慧如海，我們要度化眾生，統理大眾。所以要皈依佛，當願眾生，體解大道，發無上心。還要皈依法，當願眾生，深入經藏，智慧如海。還要皈依僧，統理大眾，一切無礙。這不只是經，人人自性三寶，人人都是佛、法、僧。在內心裡人人佛心，人人本具智慧的法，人人守戒清淨，就如僧人般去除煩惱。

早上臺中菩薩回來，有人清掃，從天花板一直到所有的窗戶地面；有人清水溝，還要去拔薑黃。

大家付出，師父問會辛苦嗎？大家都回說「幸福」！「辛」這個字，跟「幸」很像，差一畫而已。沒有一段的辛苦，哪有後面的幸福呢？所以付出無所求，自己的道場，已經菩薩雲集，大家把走過的路，分分寸寸、分分秒秒，紮實踏實感，沒有虛度光陰。我們就真正走到了佛陀所說的法，一直到這樣的世紀時代，我們已經把它樹立起來。我們起點走，行菩薩道，邊行邊鋪路，邊鋪路，後面的人邊跟。跟上來了，但願隊伍浩蕩長，組隊合心，合和互協，這都是我們要做的！

人生無常，聽到大家分享十年前的日本三一一地震。已經十年了，一直感覺，那樣難行的菩薩道，我們把它走過來了，真的是難行能行。那個時候為日本勸募，可知道受盡了多少的折磨，不是因為沒有錢，而是因為把握因緣，希望借重這樣的因緣，向全球來啟發愛心，因為全球需要建立菩薩網，這已經見證到了。我們現在不就是張起了菩薩網在全球裡，只期待人人網網都要好好的編結，把它編結好，希望人人把菩薩不斷不斷地聯繫讓它增加，分寸空間，一步一步把它開闊、生長，這些都是我們該做，而且非做不可的事！

從去年開始的疫情，慈濟在這個時候，更擴大慈濟情，遍及全球的國家。一個個國家、不同宗教，把情不斷地連結起來，達到心靈大同的世界。同一個菩薩天下，同一個大愛遍布，同樣的菩薩長情延續。

昨天，土耳其鄭泰祥大使來向慈濟道感恩，送來了一塊天房布幔。在他們那個地方，若要到哪一個國家去建邦交，去拜訪國家的總理、國王時，最珍重的禮物，就是天房布幔。這一個布幔，每一年更換一次，我們可以常常看到朝聖時，很多人圍繞著一個四四方方的天房做禮拜。天房，就是用這種布幔覆蓋。布幔須耗時多年，由虔誠的人，持戒虔誠，在絲綢布上用金銀絲線繡成的。這一回送了一條給慈濟，是非常非常珍貴的。

那是因為慈濟，這麼多年以來的國際救災，尤其是對中東，土耳其、敘利亞等等。幾年前敘利亞難民逃難時，有幾位土耳其還有敘利亞的教授、議員等三、四位來到花蓮。他們跟我訴說敘利亞的逃難，家園破碎，一些孩子失學等等，大家哭著哭著，回憶那時的情景，真的是非常感動又不捨。所以那個時候我就說，孩子的學年有限，趕快讓孩子有書讀，能念書的趕快幫助他們，為他們蓋學校。滿納海學校我們建了，還有更遠的地方，也是就地上學，凡事都是即時，把握時間、因緣，即時付出。

回想過去，大膽心細，我真的是很大膽。但是各位不要以為我心不細，那些都是考慮了真正該做、最精實的開始啟動，它就可以是永恆的回憶。慈濟的網路真的是很廣，布滿了全球慈濟情。很感恩，感恩遙遠的菩薩力行菩薩道，感恩在我面前的每一位菩薩開道鋪路，共同浩蕩長的隊伍，互相觀前顧後，互相呼喚、相牽、相提攜。彼此互相提攜，手牽手，要牽得穩、走得穩，這都是最大的期待。

（節錄自二〇二一年四月十二日 上人開示：週一志業溫馨分享）

第十六堂課

人人自救，自救救人。多說多傳好話，淨化人心。

生生世世，舊的不去，新的不來，人生就是一個因緣。菩薩來到人間就是緣苦眾生。苦，不只是貧窮病苦，真正的苦是在心靈煩惱無明。所以病苦貧窮，大家共同去幫助，這沒有太大困難。最怕的是心，彼此的心靈不健康，煩惱無明覆蓋，那這樣就是煩惱病。

就如大乾坤不斷的污染，空氣污染到了極端，就有極端氣候，極端的氣候變遷，就是大地毀滅的壞空。現在的這個世界，已經在破壞中，我常常說是眾生共業。眾生共業來自於眾生的無明煩惱造作的業力。難道沒有救了嗎？靈方妙藥就是人人要自救還要救人，自覺還要覺人。自己沒有覺悟，無法救自己；自己覺悟，開闊心胸，心包太虛，要普遍所愛都是眾生，不只是自己的家，愛的是大家，愛的是宇宙天地間，萬物眾生。

這個世界這麼大，人這麼多，要救人，可能嗎？有啊，自己心寬念純，自然心包太虛，我們要有苦人之苦，不忍眾生受苦難。我們不忍眾生無明，眾生無明，它才會造就無形的災難。解除自己心中的無明，還要陪伴身邊的人，去解開眾生的束縛，讓他們不要有纏。我們要有禪定，靜而定。我們把心清淨下來，讓我們心穩定下來，智慧就會開啟清淨無染的愛，這個愛就開闊長大了。

不要等到苦空無常發生的時候，才希望悲苦慘重離我們遠一點。人世間不要有這樣的苦難發生，唯有改變眾生心靈的無明。一個人聲音有限，太渺小，需要更多的人，人人聲音來呼喚。不要有哀嚎聲，我們要充滿法音，人人都說法，法的聲音遍布，大家來傳法。唯有佛法飄盪在空間裡，才能讓世界和平，才能讓人人遠離苦難的業障。

把力量匯合起來，為人間苦難去付出。不要輕視自己一句好話，您的一句好話，可以開啟人的心靈煩惱，不知可以牽引多少人發好心，立大願。所以請大家要重視自己，好話多說多傳，淨化人心。

（節錄自二〇二一年四月十四日上人開示：新澤西分會連線會議）

第十七堂課

眾生共業，苦難多。發心立願，讓世間重新活化起來。

其實，人世間苦難偏多，臺灣是真有福。時常都說無常事，不分貧富。無常事發生的時間什麼時候都無法預料。我們要時時警惕，無常，是真實法，沒有比無常更真實的法。它是看不到、摸不著，瞬間一碰，就會留著心靈創傷。不少人的身體受傷，不少人瞬間肢離破碎，這些都叫做無常啊！

佛陀開始說佛法，就把無常說在前頭。無常苦空啊，是苦啊，到頭來是空啊！不過空那就是妙有，那就是真理、真諦，永遠存在。今生、來世，因緣果報的不斷牽連著。多久多久以前，一直在說，大小三災，地水火風災情，還有瘟疫。

地水火風，火災過後，它還有熄滅的時候，水災、風災過後，它還有重建的希望。但是無常，什麼時候發生？不知道，那這就叫做眾生共業。苦難偏多，眾生共業，現在全球已經是與眾生共業了，看到全球的災情，此起彼落，彼落此起，不斷地一直浮現出來，真正的我們要好好的時常自我警惕。

這一波的疫情，何時能過去？一直都很擔心，這種的憂、悲無法阻擋，不斷地浮現在腦海裡，用什麼方法來阻擋？唯有人，而且是人人。這種眾志成城，大家人人來集，要發心、要立願，不是口頭的，或短暫的，要發長遠的心，也要牽引大眾的心。這種長情大愛，一定要鋪上來，直到我們看見了大愛普遍，直到我們感覺到有情。

這時候世間才能真正的重新活化起來，假如世間沒有重新活化起來，這種業，累累的業，會延續下去。既來人生，我們不忍眾生累業牽絆一直延續下去，實在可怕。就像一粒荔枝種子落入土地，從苗而成樹，直到成熟，開花結果。每一年時間到了，果實纍纍，這一棵荔枝樹，幾十年生生不斷。我們在人間，也是因緣果報，我們一粒種子，來生來世，年年累積。我們的業力，也是一生比一生累積得更多。

世間沒有永恆住世的人，但是我們有累生累劫，離不開這樣的地球，生生世世，我們要多發心立願。在人間有五道、五趣。如天堂一般有福的人，他在享福；也有不很富，但是也不很窮，這樣的人間，向上有空間、向下也有空間。人間，五趣雜居地，這是五趣，天、人、地獄、餓鬼、畜生。有天有人，人間可以修福升天堂。人間看不到天堂，但是人間有極富的人，他的家庭富麗堂皇，就如天堂。

佛陀帶著難陀去看天堂，他的胞弟貪念在聲色富貴環境中。佛陀要度他，把他帶到天堂去看看，人間如何享受都不及天堂，看天堂天宮之美、堂皇莊嚴，天仙美女那樣飄然，無法比喻，所以你要好好的修行，修福將來在天堂。

難陀對於天堂很陶醉，又帶他到地獄去。地獄，苦呀。鋸牙地獄，剖腹肚腸，很血腥，苦難景象非常悲疾。怕不怕呀？很害怕！在天堂享受，一念不小心，起個動念，貪念一起，就墮落地獄，那樣血淋淋的地方。

慈濟五十五年，要立宗門、傳法脈，從起步、開路、鋪路。這幾年來，師父就說菩薩道要開闊，現在天下可以看到菩薩道路源源在開，從遠到近，從近到未來的延續，這都是我們要用心體會，要身體力行。

人人只要用一點心，把業力種子譬喻著我們的心靈大地。心靈大地一念善的種子，好好的經營它，心靈的良田福地，就生生不斷，從凡夫轉凡成聖。真正力行菩薩道，我們互相牽引，菩薩招生，這就是我們法脈要傳，宗門要開。延長到全球去。

（節錄自二〇二一年四月十九日上人開示：週一志業溫馨分享）

第十八堂課

此身不向今生度，更向何生度此身。先造善行善，後面才有福凝聚起來。

我們要把握因緣，難得人身「此身不向今生度，更向何生度此身。」我們都很相信佛陀的教育，真正的佛陀離我們兩千多年，時間很遙遠，空間當然也是很遙遠。但是我們現在的因緣，比起佛陀時代好多了！佛陀時代，全球人口不多，交通不發達，真正的法要通透很困難。兩千多年後的現在，我們已經得到許許多多很俱足的好因緣，交通發達了，而且現在的交通，不只是人來人往的發達，更是科技發達。

我最近一直跟弟子們說，我們的緣不是今生此世，也是來生來世要相約。我們永遠不失這個人身，佛陀說六道輪迴，但是真正的六道輪迴，才有三善上道，只有天、人、還有阿修羅道。但是阿修羅道這一道，我們要把它排除掉，因為阿修羅雖然有福在天堂，雖然也有戒在人間，他有很多的缺點，很容易衝動、很容易發脾氣、很容易開口傷人。所以阿修羅脾氣總是不好，可是他有人間福，所以他來人間；他有比人間更大的福，所以他升天堂，但是福報享盡，同樣惡業還要遁入輪迴中。

唯有我們在人間，是苦嗎？但是有福可以得聞佛法。是快樂嗎？他也可以看見人間無常。也可以覺醒來求佛法、學佛法。所以人間、天堂是善道，我們現在都是在人間，所以人間法守五戒、十戒，這都是人間生活的戒律。

這一些生活的戒律規矩，要學習不困難。更簡單的五戒，不失掉人身。不管十善五戒，總是善道為先。要行善，慈濟就是教導如何行善，「慈」是慈悲，「濟」就是行善，慈悲行善在人間。所以我們彼此之間，互相勉勵，愛的能量，匯聚人間。時間不斷地過去，因緣俱足，我們要菩薩招生，鼓勵人人行善道。

師父常說：「先不要去想我今年預算多少，我才要做預算內的。」師父向來都沒有說預算，向來總是把握因緣。你有多大的善，你就會得到多大的福來支持。相信有善就有福；要先求福才得善，這是不可能的。要先造善、要行善，後面才有福凝聚起來。我們借力使力，只要人人一念善心，互相借力，彼此之間借力，我們共同理念匯合起來，可以付出會更多，這才是真正行菩薩道。

（節錄自二〇二一年四月二十一日上人開示：達拉斯分會連線會議）

第十九堂課

大膽去做，做就對了！有心就有力，無私大愛都會匯合。

儘管每一次面對著多少人間苦難，我只對自己說：大膽去做，做就對了！我都很自不量力。我不會想：我有沒有錢，有沒有力？不過我相信，真誠的心，就會有無量的愛來馳援，這都是我一向的信心。我只怕這一念心有雜念，所以我戰戰兢兢，顧好這一念，不能摻雜點滴的污染。所以我這一輩子，什麼都不顧，只顧好這一念心，這就是我的道場。

這一念心，你看不到、摸不著，沒有形象。但是去付出，就可以看見，看見世間多少人，是用心、用愛，是有心。只缺少了一個人，開聲呼喚，只要有這樣的一個人，他敢站起來呼喚，這個聲音是遍虛空法界。因為一念心，我時常都這麼說，心包太虛、量周沙界，不是空口說的話，是真正的很有力量的一句話。這一句話就是真諦，真理！唯有理，才能有力，世間就是因為有這樣的真理存在。

佛陀出現人間，他一個理、分真諦。我現在一直在跟大家說，莫忘佛陀那一句話，就是為一大事因緣出現在人間。佛陀的「我」，那就是我的我、你的我，我們大家無量數人的我，所以人人出現在人間，都應該有為一大事。這一大事，是為人間事。

人間事，就是菩薩所緣的苦難眾生，只要各位發一念心，提升了一念情，這份愛是普遍人間、心包太虛。不要輕視自己的渺小，因為每一個自己，都有大我存在。人人心包太虛，來發心立願，不是做不到。

二〇一六年，孔夫子後裔的孔蕩村遭逢龍捲風與冰雹雙重襲擊，造成多數房屋倒塌。這個在江蘇鹽城市阜寧縣的村，幾乎是空盪盪了，大家都想放棄，但是我不放棄。我一向很愛用《論語》，不也就是孔子教來的嗎？時空轉換輪替，山東孔子的家鄉，也已經在這幾十年被滅掉了。這一個新造的近代的孔蕩村，瞬間的一個龍捲風，是否真的就讓它無形中就沒了？

只要有人、有心，就要讓它的相、它的村重新回歸，慈濟為它建村，孔家村、孔蕩村，把它重建起來。此時的孔蕩村，比過去的更美、更鞏固。看到了孩子們，在學校裡遊戲，村子又繁榮起來。這就是把握時間、把握因緣，把握這一念心，人人號召起來，力量就大。

所以不管是就地取材，呼籲當地的企業家、呼籲當地的慈濟人，只要這樣的一聲聲一再呼籲，大家就行動起來，就可以看到這個村的復建。而且建得的很整齊、有規劃，街道是街道，巷路是巷路。而且我堅持的，就是孔廟還要讓它恢復起來。他們祭孔的時候，還可以在這裡祭孔。過去的祭孔，是殺豬屠羊，二〇一七年九月孔蕩大愛村啟用典禮暨祭孔大典，無宴席，慈濟志工送上糕粽。二〇二〇年十月福鼎市西昆村祭孔已改以素食祭祀。那裡有田可耕、有農可做，可以做工，農工商也都在這樣的地方，讓它復建起來。所以，只要我們把握時間、把握因緣，做對的事，對的聲音，合聲起來呼喚出去，沒有事做不成！

面對全球災情，我們要「無緣大慈，同體大悲」。「無緣大慈」就是要天下均安；「同體大悲」就是不忍眾生受苦難，這就是慈悲！慈悲還要加上喜捨，要呼籲人人歡歡喜喜來付出，隨喜才有功德。不樂之捐我不要，有人要捐卻又帶有目標的祈求，我也不要。當初我要蓋醫院，日本人要來捐兩億美金，我不要。但是我建院的錢在哪裡？我不知道。我相信人人心中有愛，錢在人的口袋，只要我用虔誠的心來呼喚，每個人一念心的功德，也可以成就無數人愛的功德凝聚。

哪怕只是一塊磚，就像辛巴威，一個家庭孩子五、六人，沒房子可住。有人去做工，有一元去買幾塊磚，有五元去買幾十塊磚，這樣慢慢來累積累積，一塊一塊磚地累積。老師呼籲孩子的同學，大家捐一塊磚，窮孩子他們拿著一塊磚，那一塊磚斷了一半，他也要拿來，要成就一個家。那樣的故事，看著窮人的半塊磚，我們呼籲人人付出一包水泥、一噸的鋼筋，如果呼籲起來，積少成多，速度不就快很多了嗎？

我們曾經在國際間，造就了多少的慈濟村。今天也提起了奧莫克的慈濟村，那個時候的市長跟夫人，來精舍求皈依，他要捐五十甲的土地。我就跟市長說，期待把這塊土地捐給師父，師父在那裡蓋一個慈濟村，你們回去成就。現在奧莫克慈濟村繁榮了，我們還要繼續幫它再蓋學校。這都是只要有心就可以做到，全球不管哪個地方，只要無私的大愛，無私的愛來呼籲，人人匯合。

（節錄自二〇二一年四月二十六日上人開示：週一志業溫馨分享）

第二十堂課

心包太虛，量周沙界。不要輕視自己力量小，只要有心就有辦法。

這一波的疫情，大家都很戒慎。大家要很虔誠的共一念心。這一念心是「非愛不可」，真正需要大愛。不只是愛自己，是要愛天下蒼生。

現在天下蒼生很不安，疫情非人力可擋，目前還沒有什麼藥物可治療，而且它的感染率很高。我們要好好地戒慎，要做最高的防疫、防範。

現在在精舍會客室，其實坐的人才幾位，但開啟了大會議室，我們還是很嚴密地把口罩戴著。這就表示，人前人後都要守規矩，都需要為自己也為別人，保護好健康。

這一份心念，其實不是太怕死，絕對不是，這叫做慈悲勇猛。這個時候我們真正要表達出至誠的虔誠，要身體力行，不要逞匹夫之勇。匹夫之勇是一種最頑劣的表現！我們要真正地敬天愛地，所以這個時候更是要這樣，過去師父常說眾生共業。眾生共業造成了這一波的疫情，日本人說「病」叫作「病氣」，就是這樣的氣候時代裡，形成了這一波「瘟疫」。

佛陀兩千多年前，就已經有這樣的三大災、三小災：大災是天地中地火水風四大不調，而水火風就叫做大三災；人間的小三災就是人禍（刀兵戰亂）、饑饉、還有瘟疫，就是像這樣的流行疾病，叫小三災。不要輕視它叫做小，因為它有時段，會拉長，而且感染率高。

瘟疫若沒有好好地控制，那會更嚴重。看看印度，人死後沒有葬身之地。有位母親用破舊的三輪車，把孩子拉到醫院去；醫院不能收，沒有病床、沒有人手，缺醫缺藥，什麼都沒有。這位母親很無奈，眼看著孩子已奄奄一息，最後還是半拖半拉，用腳踏車拉回家，但孩子卻在腳邊往生了。

現在的醫療科技很發達，但「苦」無方法，對這樣大自然的法則，要知道自己很渺小，無力可阻擋，唯有心，虔誠的心力，才有辦法。

但是少數人體會沒有用，一定要大多數人，共同一心匯合起來，天下人一起警世覺悟。我們真正地要順天道理，要向著天空叫不敢，那就是要懺悔。也許我們過去懵懂，與大家共業，現在應該要反省，要來個大懺悔。也許大家會說：「我沒有錯！」但人人天天都是在造殺業。也許大家說：「沒有，我沒有殺！」但你口吞食的都是被殺掉的軀體。因為你愛吃，這麼多人愛吃牠，口欲的食物鏈，動物就被牽引著被殺死。

做生意的人，為了營利圖利，應一般人的口欲殺生。所以你不吃，他也就不殺，並換給眾生一種自然生態，讓牠自然生、自然死，跟我們人類平等。我們人類不也都是自然生、自然死嗎？所以眾生平等啊！

佛陀教育，因為眾生隨著業報而來，我們有福成為人，有福享受人間物資。吃得豐富、穿得豐富、住得豪華，這都是人類的業報，有健康的身體就已經是有福。比這更有福的就是財物富有，像是有豪華房屋、成功的事業，讓你有心的欲念，求享受、得享受。這都是因為你有福，過去造福的因，才有了這一生有福的緣，來生在這樣的豪華世界，讓你享受。但是天人福享完，也會墮落，世界也會變！

天底下地球是轉的，天不轉，地在轉，都是時間問題。我們人類在這樣的因緣果報中，這一生有福，來生不知。所以不可以造惡業，需要人人反省，互相呼籲行善付出。佛陀來人間，就是為著這樣的大道，呼籲渺小的人間，發揮真諦的大道理，引導人人了解這樣的真諦，聲聲呼籲，彼此影響。

總而言之，不要輕視自己力量小，只要你有心，「心包太虛，量周沙界」。難得人身，唯有人間才有佛法，離開人間就沒有佛法，哪怕在天堂，也聞不到佛法。要成佛只有在人間，可以上天堂，也可以成佛道。要成佛，就要行菩薩道。「道」要如何走？就是要聞法，大家都有參加讀書會，但「現在不只是讀書會，要品書會」。「品」就是品茶的品，一杯茶拿到了鼻子邊，要先聞一聞茶香。「法」也是一樣，薰法香了解法，「法」是一種無形的，但很有力量。不只是聞一聞，還要喝下去，讓法滋潤慧命，慧命才能增長。

（節錄自二〇二〇年四月二十八日上人開示：華府分會連線會議）

第二十一堂課

用善心的愛、虔誠的念，大家一起來鋪平人間菩薩道。

人生，一秒可拉成長劫，億萬劫的時間，也可一念遍三千世界，時間、空間都是在我們的一念心間。回想到五十五年前，看到那樣的貧窮苦難，生老病死之苦。一念不忍心，所以有了今天的果實，真的很感動。

我期待《法華經》的路，大家來鋪平，讓人人知道，菩薩道如何行。

唯有菩薩道才能救世，希望經典能普及天下，讓人啟動。六瑞相，所以鼓動人心，讓天地之間，大地能呼吸，萬物能欣榮起來。我天天都是在黎明，或是晨間的時候靜下心來，聽大地呼吸的聲音，那樣寧靜的聲音。心，一念心可以包含宇宙。所以我常常說，心包太虛，一念間可以普遍宇宙。

宇宙中的行星、衛星，是順著軌道在運行。慈濟小行星，不是形容詞，現在國際天文學裡面，真的是有那一顆叫做「慈濟」的小行星。期待我們從人間的善道，真正把它轉成菩薩道。

人間道由不得自己，都是顛倒人生；菩薩道就是覺有情，是已覺悟的有情人。覺悟之後，願意入人群，看見人間苦，拯救拔除人間苦。這就是我感恩，五十多年來，現在的慈濟可以在全球遍及。不斷來付出，不要等人來求，我們要當不請之師，自動去付出，借力使力。

希望大家看到了我們的《法華經》入經藏演繹，能讓大家入道理。我天天晚上都在聽，六瑞相的音律，令人心安定下來，而且可以提升虔誠心。天下人間本來就很美，只是人心醜化了它，貪瞋癡、傲慢、懷疑，有五濁（五毒），但願我們能轉五濁，走入人間菩薩道，行遍五大洲來淨化人心。

慈濟今年五十五年，期待五大洲都能有法有理入人心。但願五大洲都能平安，度過了這一波的疫情，虔誠的希望地水火風四大調和。不管是九二一、八八水災等等好幾次臺灣的災難，總是一路走過來，很感恩，感恩人人的愛心，不斷累積。點點的累積，讓我可以在慈善、醫療、教育、人文，可以把愛傳播在五大洲裡。希望我們善心的愛、虔誠的念，大家一心，異口同聲，虔誠的聲音上達諸佛菩薩聽，但願四大調和，人間平安。

我相信，慈濟人的凝聚力量，我們的四大志業，慈善、醫療、教育、人文，都是這樣的凝聚，用愛付出。又看到大家用心入法，不只是心入法，還要身體力行，感恩菩薩愛的能量，我受之不盡。時間分秒過去，一秒三千，遍及三千大千世界，感恩人人的虔誠，可以上達給諸佛菩薩聽見。感恩菩薩們，愛的能量付出，而且這樣的虔誠表現，千言萬語，但願全球的人，都可以感動。

（節錄自二〇二一年五月三日上人開示：五十五週年法華演繹）

第二十二堂課

娑婆世界病了，人病地病空氣也病。要與天地自然共生息，唯有宗教讓心靈依靠。

其實，我們的生活都是很平常，也很安靜！總是時時期待自己的心底風光，與天地大自然共生息。每天晨間天未明，三點多、四點、五點，這兩三個鐘頭裡，那樣平和的心境，就是我們修行者想要的。一天二十四小時內，包括晚間的睡眠，心都很難平靜。但是在一大早醒過來的時候，聽到的是大自然在呼吸。

大地呼吸，大自然的生氣，真的會感覺到大自然的生命力在湧動。那一種無聲的湧動，這都是在天未明之間會有的境界。尤其是昨天、前天，我在精舍的角落裡，往圍牆外看出去，看到了兩排很整齊的樹，就想到了《法華經》，修行者在樹下裡安坐下來，聞佛說法。

靈鷲山在我們的心靈世界是非常的開闊，佛陀的說法，三千世界融合在剎那，境界開闊。雖然人間的實景，靈鷲山並不大，但我每一次看到靈鷲山的畫面，心裡就會感覺不可思議！人世間有相的世界，總是侷限著，但是心靈世界是那樣的遼闊！

現代人的人生，好像是那一群在火宅中還在玩耍，不知不覺玩火的窮子。不只是財物窮，或是財物富有而心靈貧窮。我們需要的是心要富有，人貧沒有關係，那只是過眼的雲煙而已，人可以用多少？三餐如何嚐，端碗起來，這都是多少人的辛苦，粒粒米無不都是汗水。

我常常說「一粒米中藏日月」，每一季的稻作，從稻種撒下去，叫做稻秧，從那個秧苗插在水田裡，要經歷過了三、四個月的時間，要有水、有地、有空氣，等待著那粒粒的穀子成為稻種，或成為米糧，我們能不惜福嗎？人世間，工、商、農，都是為人間在付出，但是工商農業，大家辛苦為什麼？只是區區為家庭的生活，但是心欲一開，看到了宰殺生靈，而且人心不平衡，社會動盪。

儘管近年來看到很多的災難臨頭，可是人類還是沒有覺悟。日日都在期待，日日都在呼喚，儘管現在要發出聲音說話很吃力。我就想，既然活在人間，只要有呼吸，只要可以出一點力，就要不斷地呼喚著，不斷地說，不斷地講。

回想曾經的九二一大地震，瞬間的大災難，所以鼓勵大家動員社會人力，為災民們安身、安心、安生活。在那一段時間，看見臺灣的愛，看見臺灣的力量，一呼萬應，真的讓我十分感恩。臺灣這幾十年來，遭遇過多少次的大災情。八八水災時，北部中部的高速公路上出現了浩浩蕩蕩的貨車，整整齊齊前往南部救災。高速公路上可見到插著慈濟旗子接連不斷的車隊。慈濟人凡是有車的，無論是貨車或是轎車等等，通通插著慈濟旗，往南部走。那樣的浩大畫面一直旋繞在腦海中，這就是愛，愛的力量。

當年的大陸華東水災，在那裡也是一樣，四十二部的大卡車，從安徽全椒等，浩浩蕩蕩地把貨物運到災區，翻山越嶺。看到那剎那的鏡頭，我很感恩。

過去的我們看不到，無法去說，佛陀時代如何的呼喚，因為這兩千多年來，天下的災難偏多、人禍偏多。那個時代交通不方便，那個時代人口不密集。我們現在這個時代，人口密集，七、八十億的人口，根據聯合國糧農組織二〇一九年統計，每秒鐘有兩千五百五十六隻牲口被殺（不包含水中生物），天天每一秒鐘，那麼多動物要被宰殺供應給人類。

人類這一張口，平均每秒鐘就有兩千五百多條生命被吞食，每一天有兩億兩千多萬的牲口被吞食掉。想一想，這一片大地，除了人類有七、八十億，可以知道每天供應的動物要幾百億，跟人共生息在這一秒鐘。

我們可以放縱口欲嗎？可以不持齋戒嗎？還是需要，因為我們要用至誠的心，一念三千，只要人人願意口口相傳，只要人人願意成為典範，影響一個人、十個人，甚至百千萬萬人，就不困難；只要在他你我，有無數人的他，也有無量的你，也有每一個人的我，一念心虔誠，就能讓很多的生靈，讓牠們跟你、跟我，都能在大自然的法則中悠哉生活，這就是共生息。

普天下美好的風景，是你與我共同擁有的，那樣清新的空氣，樹木讓它不被砍伐。大多數的樹木、花草都可以釋放芬多精，讓空氣淨化清新。我們好好保護大地，大地無不都是療治著人的生命，養護著人的生命，我們的生命不是靠動物活下去，我們要靠的是五穀雜糧。身體有病，靠的是大地藥草，所以樹木無不都是藥草，佛經裡頭不就有〈藥草譬品〉嗎？

娑婆世界病了，這大地上，人病、地病，而且空氣大自然也病了，現在正需要的是法藥醫。大家趕快回過頭來，這要趕快服藥。佛法如何說，我們要如何接受，現在需要宗教。我們都是現在這個時代的良醫、良師，唯有宗教才能讓人人的心靈依靠。

想想在宇宙間的星球軌道上，有多少行星繞著恒星運轉。在這一片虛空中，其中就有一顆命名為慈濟小行星，它繞行太陽一周約是地球時間的五年七個月又十三天。

菩薩們，愛的能量是人創造出來，可以從大地到星空、法界裡。所以感恩，今天所看的見、所聞的聽、所感覺的，總是無限量的感恩。但願此時這一刻，大家的發心立願能生生世世永恆；我們共同一心，這一輩子救不了，我們來生來世、天長地久，永恆地要把這一顆地球、人類好好的度化，人人成真實菩薩人間。

（節錄自二〇二一年五月五日上人開示：慈濟五十五週年法華演繹）

第二十三堂課

愛沒有偏差，一秒鐘千萬種情。動一念好心，就可以救天下。

人生中的每秒鐘不斷飛逝，就這樣無形的揮灑過去。過去難忍的情感，就是那分的不能自我，看見了令人不忍的苦難，所以產生很衝動的一念。這一念決定了義無反顧。好在有好因緣、無數量的人以及難以計算的力量，這樣不斷地累積聚集，一直到現在，都是很可貴令人感恩的感情。

這一份感情，是覺有情。有情，一種是迷有情，一種是覺有情。凡夫，叫做迷有情；菩薩，稱為覺有情。我都是稱呼慈濟人為菩薩，現在在我面前，我打從內心感恩，認同人人都覺有情。有情人，才能志一同，真是很感恩！

常常聽人來跟師父說苦，但多是苦什麼？為事業苦、為家業苦、為子孫苦，都不離開這些東西，這就是迷情眾生。往往是被自己的家困住了，如何能跳脫這種的迷情？其實這個家（地球），已經很密集。過去那個家（地球），周圍很空曠，現在人口愈擠愈多，這大自然的環境中，人口增加，人人需要有家，但為了這個家，造作了很多。

二十年前，我到羅東聖母院，去跟一位李智神父互動，他需要慈濟的幫助。因為他們要蓋一個重症大樓，但經費短缺，我特別親自送上捐款。幫助不只是接受，我親自去拜訪，等於是給他們做評估，看看我們要如何幫助他們。我們很疼惜，也很尊敬這個宗教，他們也有那一份的愛，不管是醫療、慈善、教育，他們從幾百年前就開始，做得有聲有色。

不光是臺灣，各地法師們也開始挺身而出呼應慈濟。他們不只是呼籲，還要呼應推動素食，像是明光法師、淨耀法師等，也開始幫忙去做便當呼應，可見印證佛法、印證佛教。

我認為大地廣闊，有了種子要不斷耕耘，沒有這一片大地，就無法耕耘，把握因緣，所以要趕快呼籲，人人來作為耕耘法的農夫，在任何一個國家，任何一片土地，我們都可以來布善種子。

就如這一波疫情，有些離我們那麼遙遠，碰不到，也不能碰，但是很危急。我們只有借力使力，用一份感恩、尊重，一份愛來勉勵。印度靈醫會得到了鼓勵，使力回應，增加人力進入醫院。明知進去很危險，但就是捨命救人，這在佛法上是一樁難事。

我們凡夫的迷情，都是貪生怕死，有了這一番勉勵，他們把智識轉為智慧，生命的價值，人生終歸有一死，無常不知是什麼時候？不如把握這個時候，他們勇敢投入，有了這樣的防護、物資，可以帶進醫療去。這些神父、修女，從十六位增加到現在四十位，已經投入在裡面。這都是借力使力，士氣的鼓勵，我們真的要用感恩心，虔誠為他們祈禱，我們還會再接再厲。

不管是什麼宗教，都是同樣在一個宇宙間，我們精神要匯合起來，一起撫摸珍惜，愛惜著地球。總而言之，只要有信仰，如何憑藉信仰淨化地球，不要有迷信，也不要只求自我平安，要共同一心求天下平安，求天下能淨化沒有病毒。想要沒有病毒，唯有就是不要無明，這才能般若智慧現前。

這一波疫情，我們需要趕快重新整頓，思考我們要如何淨化人心，讓人心清清淨淨的，只要把人人的心帶往共同一個方向——就是「愛」。所以跨越國界的文字要如何傳播出去？語言不同、文字不同，唯有一樣是相同，那就是「愛」。在莫三比克、辛巴威、賴索托，我們在那裡都有當地的志工菩薩，一樣穿著藍天白雲，帶著一樣的精神傳播愛的能量，他們的語言雖然不同，但是經過翻譯再翻譯，總歸起來那就「愛」。

所以我們要認真，不是虛幻，要認真就是要誠，誠正信實，這是實的，是誠的實，所以要實，我們要相信誠、正。慈濟對愛沒有絲毫偏差，一秒鐘有千萬種情。同樣一個「愛」，你可以選擇要用什麼方法來表達我們的情感、我們的愛。

期待人人付出一份的愛，祈福、造福，才能得福。哪怕只付出那麼一點點錢，就算只有三塊多臺幣，我都覺得好珍貴！比如說賴索托當地，節省一餐的少少分量，手捧著玉米粉或玉米，匯集起來倒進桶子，就算是點點滴滴積累，也可以累積到半桶。所以我們平常不要浪費，點點滴滴聚集，會比這些還多。

我也呼籲你們大家每天要來上班時，摸看看衣角口袋有沒有銅板，沒有銅板也沒關係，有鈔票也可以，一起來投竹筒。大家日積月累，也許每個月打開竹筒會很可觀！因為一個月是三十天，天天反省一下我們平常的消費習慣，這就叫做懺悔，懺悔則清淨，清淨才有智慧。增長智慧，有了智慧才懂得造福，所以叫做福慧雙修，點滴都不要輕視。

感恩菩薩，你們的愛心，動一念好心就可以救天下。不是要你們用錢，而是要用心，動一念，讓聲音擴大出去，讓文字擴大出去，讓大愛無私的精神擴展出去，這都是功德，是我們的本分，也是我們的使命。只要盡心力，達到使命，就是功德無量。記得分秒的使命，時間分秒的價值，在我們的生命中，用心、用愛。

（節錄自二〇二一年五月十日 上人開示：週一志業溫馨分享）

第二十四堂課

用心是萬能，用心是無所不能。一片誠意心連心，就能擴大愛，拉長情，轉苦為甘。

心身平齊的慈濟世界，美在哪裡？美在三輪體空無所求，美在付出再付出。人與人之間，身心清淨平齊的世界，美在心連心，美在手牽手。

這種「美」，做得到嗎？世間有沒有完整的美？虛空無盡，儘管我願無窮。但是它有缺陷，我還有很多很多的願，因為時間，還有許多許多無窮無盡的人事物，這都是很不完美的。這種不完美，就是在一念心的醜。如何是醜，就是壞。心要美，但是世間人事物，總是缺陷很多。

最近一直跟大家提起生、老、病、死。其實，短短的四個字，這一個空間的過程，都是瞬息萬變，都是不可否認的真理。但是我們總是在這真理中，蒙蔽了眼睛。

大自然總是無常，可是那就是大自然的法則。就如地球以及各星球在宇宙間運轉，也有它的軌道。我們人類是如此的渺小，我們每一個人，要守規不違法，這就是人生的正道，也是正氣。沒有氣，就表示沒有生命。天、地、人各有氣，天有天氣，地有地氣，人有人氣，這都叫做生命。生命是活的，就像地氣也是不斷地鼓動。

人性本善，生來人間的那個時候是最乾淨。有一段時間，我一直要推動骨髓，後來醫療科技越來越發達，就推動臍帶血。過去生孩子的時候的一大團廢棄物，都會拿去埋掉。現在的醫療卻發現這很寶貴。這個臍帶血、骨髓可以幫助很多人，所以我們一再推動保存臍帶血。

當然，建立骨髓以及臍帶血資料庫都所費不貲，是算億的，但是我認為還是要建立，不管是骨髓、臍帶血，我們都要齊全的儲存起來，因為生命是無價的。現在的醫療科技跟過去歷史上的醫療已無法比擬。回想當初我辦義診，那個時候的醫療科技跟現在比起來是相當簡陋。

但是在那個時候，我們的義診所，就已經很有品質了。而且那個地方，是慈濟德慈師父的媽媽提供出來的，在花蓮市仁愛街，空間並不大。門進來要有一個空間讓大家共修，還要做義診。義診所需要一個藥房來存放很多的藥，什麼都要齊全。於是我就去設計一個屏風，就等於是一個活動式的隔間，這裡需要空間大，就退進來；需要空間共修、需要義診就退後。只要把屏風推進去就形成藥櫥，可以保護藥讓人拿不到。

所以那個時候真的很克難，但又很科技化，是當時少見的設計。我們需要儲藏藥品用具等，需要用時才把它拉出來，這就形成一個很大的義診空間。而且椅子也一樣，設計到大家共修可靠，義診的時候椅子翻過來推過去，向外面看；若是共修，就是翻過來，就往內邊。多功能又不用讓人搬動，而且能確保足夠的空間。那個時候人力不足，所以都是要靠自己去解決。我本來也都不會，只要你用心去思考，不會也能成為會。這就是為什麼，常常說要多用心！

用心是萬能，是無所不能，所以我說，用心就沒有不會，沒有不成的事情。但是用心要用誠意，誠意的心就不會偏頗失去了平衡，這就是永恆。

慈濟要讓它永恆傳承，要用心。用心一定少不了人，沒有人就沒有力量。那個時候的用心，就是因為我很身體力行。那個時候年輕，我還可以往前步步踏實，不怕辛苦，爬山、下鄉我都甘願走，甘願跑，用這一份的心意，自然就會有人，匯合起來。看我在搬石頭，就有人幫忙推；看到石頭推掉了，看我往前鋪路，就有人幫助我鋪路。路要鋪平，從小道到大路，從沒有人到很多人，就要靠誠意。

誠意的心，大家配合，就會得到了美。那一種美，是很需要我們好好的來保護著它。所以，美在哪裡？美在心連心，美在手牽手，就是要擴大愛、拉長情、轉苦為甘。

（節錄自二〇二一年五月十七日上人開示：慈善基金會各處溫馨分享）

第二十五堂課

佛在靈山莫遠求，靈山只在汝心頭。善法成為記憶，記憶就是種子。

疫情來臨，我們現在只好把握道理，知道佛陀的智慧、慈悲，悲智雙運。知道人間苦難，我們要「無緣大慈」。「無緣大慈」，就是我們所理解現在的人間，要如何讓人間平安，生活單純，讓人人安分守己，生活得安樂？現在人心惶惶不安，因為社會不安定，人心動盪。除了疫情之外，還有美國街頭的種族歧視，是他們心中有那一分的仇恨，看到人不順眼，所以大家在外面也會很擔心。

我常常會說：「沒事就不要出去。」要多利用這個時候。這段時間活動少，很多社會工商業停擺，人人可以「停、聽、看」，事與活動可以停一下。不妨可以多上雲端連線，除了薰法香，師父的話要精進以外，《人間菩提》也要好好地去聽、去看。生活在這個時代，我們很富有。除了有形的數字，再多都是身外物，人都是雙手空空的來，將來也是雙手空空回去，什麼都帶不走，唯有法。

「法」，善法成為記憶，記憶就是種子，我們的八識田中累積善種子，善種子布耕在心田裡，要布種、要耕耘在心田中，我們唯有這樣的種子可以帶著走。所以說來，唯有這意識是跟著我們的。但是意識，就是業力，今生多增加善的業種，就是將來帶過去的業種。是福是禍，都是在我們今生此世，你分分明明的做好。惡的，把它隔離掉，「諸惡莫作」。善的，我們要積極，「眾善奉行」。就如現在的疫情，這也是大哉教育的機會。我們該隔離的，就好好隔離，惡的不要讓它侵犯進來；善的，我們要好好地布種。

現在活動少，就要舊法新知，好好地整理以前囤積起來的佛法，拿出來聽、拿出來看，這就是「聽、看」。「停」的則是業力，我們要趕快停止惡業，而且現在的生活圈，不宜活動，所以要「停」。身體比較空閒了，心靈呢？好好地複習一下佛法，趕快吸收佛法，趁著這個時候，正是我們可以過濾好的種子。這樣的時間、這樣的空間，正是我們可以造福的時刻。所以說，法要整理一下，善也不能斷。惡業的種子，或是有疏漏的，都要趕快收復，不要讓煩惱無明污染到我們的內心。

菩薩們要精進，不要認老，師父說過了，把五十年存到「壽星寶藏」裡，我們就正是少年，所以你們現在才十來歲、二十來歲。師父常常對自己說：「才三十多歲而已啊！」正好是要發揮的時機，把五十年存起來，我們就如同青少年，但是累積世間的常識、經驗已經很多了。菩薩們，用心，這都是師父內心殷殷的期盼，隨時都想要對大家說的話。你們要聽進去，師徒沒有分離過，我們分秒都是共處一堂，都在靈鷲山。「佛在靈山莫遠求，靈山只在汝心頭；人人有個靈山塔，好向靈山塔下修。」

（節錄自二〇二一年五月二十一日上人開示：慈濟美國總會合心區視訊溫馨座談）

第二十六堂課

好好反省，求饒懺悔。教育眾生，有信願行。

現在我的心情，不知道要用什麼言語來表達。心裡一直千萬般虔誠的祈禱，期盼普天下人人這個時候就是要覺悟，這就是大哉教育。這一波，是教育眾生，過去重重的造業，現在也是重重的逼近，讓人陷入了疫情的困難。要真正的虔誠，總是要千萬般的祈求平安。更要盼望著，各位在前線作戰的大醫王、白衣大士、菩薩們，要先好好的保護自己。要先自己做好防護，才能向外做防疫。自己沒有保護好，無法救人。所以，期許大家要提高自我防疫的良能。

全院的同仁，菩薩們都是共同一心，知道人人都有家庭，大家都抱著那一份守護社會健康，守護大眾的愛。帶著這一份的真誠來付出，我只能用最虔誠，呼籲天下人人要共同一心。

真誠的祈求天下平安，但是祈求一定要出於身心的表態。心要求，身體要力行，要推動人人茹素。茹素，不是宗教家的呼籲，茹素是保護天下眾生命的靈方妙藥。現在祈求，要度過這個難關，我們一定要共同一個心念，共同一個口徑來宣導。宣導一般人人都能理解的觀念，葷食對身體無益。真正讓身體健康，是五穀雜糧、是蔬菜水果，正所謂菜根蔬果香。我們都來宣導，更期待整個社會都要表態，不要天不怕、地不怕，這一波真的要怕。要人人表態一起「懺悔」，懺悔過去的人心欲念、口造殺生，提醒不要再造殺生業，不要去驚擾動物的生活。動物有動物的世界，也許病菌、病毒在牠們的身體可以安然無事。但去驚擾了牠們，就如拍打物品上面的灰塵一樣，灰塵就飛起來。

天下生物、動物、人類，只要有生命的，向來都是和平相處，天下共生息。這一波就是因為驚動了牠們，所以很多很多的潛伏病毒，細菌，就如控制不了的灰塵，輕輕地飛出來，蒙天蓋地，很難收拾。

現在唯有大家要靜下來，好好的反省、懺悔。我們要時時提出感恩心，我真的很感恩，天天都在感恩站在第一線的醫護人員，這對他們是很嚴峻的苦戰；兵來將擋，總是擋在第一關的門，在最前線就是醫護。這一次天下的醫護人員，實在是很辛苦！

期待這一波疫情可以緩和的度過，唯有大家身心奉行佛陀的教法，要有信願行。要相信，我們都已經在發願，同時大家挺力支持。大家真的都要先保護自己，我們可以付出的。

（節錄自二〇二一年五月二十三日上人開示：與慈濟醫療院所連線）

第二十七堂課

法脈精神可以代代延續下去，以善、以愛，全球行道身體力行。

有的時候想到了「時日已過，命亦隨減」，我們知道自然法則，許多事都是留不住，只有「法」，法脈精神可以代代延續下去。慈濟的發源已經經過了半個多世紀，五十多年了。佛法兩千多年，佛陀的精神，來人間一因緣，就是要教菩薩法；菩薩法，好像人人都會說，要憫憐眾生、拯救眾生，大家都知道佛教徒不管是在閱讀經典，或者是互相見面的問候都會說：「慈悲哦！功德無量啊！」這是在口頭上說，世間地球那麼大，到底有多少人真正地可以身體力行做到呢？

各位菩薩，以你們的年齡、才華、以及你們的因緣，你們的生命都很有光耀的地方。我們的語言都相通，跟臺灣也有很密切的故鄉情。更重要的，跟師父的法，也是同樣一個原點，是同一個故鄉。佛法的故鄉就是在尼泊爾，就是在靈鷲山，你我大家，我們同時在靈鷲山聞法因緣生生世世。有的聞法用心，精進身體力行；有的是在法會中，聞法結緣眾，一直把這一條線，兩千多年不斷地牽下來。

慈濟從臺灣開始，因為慈濟的精神散發出去，讓全球看見臺灣的「以善、以愛」，以及行善菩薩之多。臺灣地小，可是慈濟人多，從一開始慈濟功德會成立，用竹子鋸成三十個存錢筒，推廣每天存五毛錢就可以救人，一直延伸到現在遍布一百多個國家地區（截至二〇二一年八月十九日，慈濟的大愛足跡已經遍及一百二十六個國家地區）。可見要度眾生要從善門入，開花出來。所以建道場很重要，道場就是要召募菩薩，菩薩就要讓他們布善種子，讓人人有機會，就是布天下種子。

疫情現在最緊張的時間過去了，現在是平安了。平安是因為有福，造福；可是大家要提高警覺，病毒會不斷變種增強，不能鬆懈掉，還是一樣的，人人互相勉勵、互相鼓勵，善的能量不斷地集合。

佛法舊法新知，但是現代人，更需要了解古代這一份的道德、愛心。儒教的經典也在提倡「明明德」。明明德就是佛法所說的明心見性，要把污濁去除，真正回歸到人人的本性，要有清淨的本性。這一份清淨的本性，是人人具有的佛性，佛陀是關懷天下眾生，為人類而出現人間，教導人行菩薩道。

很感恩，時間過得真快，分分秒秒一直在過去，只要是對的事情，大家做就對了！看見了人生的無常，大家都有在關心，也都有在行動。趕快將訊息拋給你們的親朋好友，不只是讓他們知，還要啟發他們的愛；不只是捐錢，我們要的是人力，讓大家真的身體力行動員起來，帶著他們去見苦難，見苦知福，期待他們走入菩薩道。

菩薩道的心靈風光，一定要自己身體力行！菩薩們，期待你們真的要用心，用心分享，用心利用現在的科技，把線不斷連線鋪出去。人見面，總是見面有情，彼此分享。假如都靠連線，這條線還是冷漠的，最好是親自見面的分享，這份的菩薩情才能綿綿長長，成為永遠都是熱線。要把握因緣，佛法在人間，人間不離世間法，所以我們要走入世間，關懷人群，都是相關聯的，綿綿相連的。

（節錄自二〇二一年五月二十五日上人開示：澳洲慈濟人溫馨座談）

第二十八堂課

向天懺悔，向地感恩。知天命，順天命，承擔起大責任。

眾生皆有佛性，過去我們人類造的業很重，這一波等於是在反撲，人類的造業，業力的反撲，這一波是大哉教育，給我們警惕。假如現在不覺醒，以後的反撲真的會更難以抵擋、非人能擋。所以要打從內心表達心意的虔誠；要表達心意的虔誠，就是用茹素齋戒，向天懺悔，向地感恩，這種懺悔、感恩心，一定要表達出來。

企業家造福人間是有力量的，他們會合起來，可以對他們的員工，或是高階層的人有影響。假如社會有地位的人一聲呼籲，影響社會，會很有幫助的。所以，「大福」就是要有大動作，在這個時候是天下的大任，但不只是企業家，我們人人都有責任，天降大任於斯人，我們都是這個人，要承擔天下大任的人。

我是這個人，你也是這個人，要承擔起天下這一波的大責任。我們要用什麼方法、用什麼力量推素？唯有推素，呼籲人人的虔誠、齋戒，這就是知天命、順天命，而且造福人間。

我們佛教徒，相信佛陀是宇宙間的大覺者，他二千多年前就預測到現在，五濁惡世的現在，給我們一個很大的教育，要我們見證佛法，見證科學來印證佛法。期待大家用真誠之心，面對這一波疫情，虔誠的茹素。這一波要能平安度過，靠人人虔誠。只有你我不夠，還有很多的你我他，這樣，全球人人都能聽到聲音，發起這一念心，表態戒慎虔誠，才能快速平安度過。天下企業、工業、人的生活才能回歸到過去的繁榮。

所以說，要消業障，一定要造福人間，守規律，才能快速過去。菩薩們，有心有願有力，發心立願，身體力行。我時時刻刻都在為天下祈禱，但願天下人人也共同一心，一念間心靈的虔誠，心波可以上達諸佛諸天菩薩聽。

（節錄自二〇二一年五月三十日上人開示：馬來西亞雪隆與馬六甲溫馨座談）

第二十九堂課

同體大悲，分秒感恩。守護生命，守護著愛，用大愛護眾生。

這個時候，不只是借分秒感恩自己、借分秒警惕自己而已，還不可以消耗每一分秒，我們要把握時間。起一個善的念頭，也許就是我們生命中終生的感恩。假如失掉這一秒，這樣秒秒過去，何其短暫，時間消失掉，就再也無法回來。我們隨時都在失去。「時日已過，命亦隨減」，人的生命到底有多少秒、多少小時可以過呢？生命在呼吸間，也是在分秒間，也許人連秒都趕不上呼吸。

這一波疫情大災難，對印度那個地方影響很大。本來從佛陀的二千多年前一直到現在，貧富差距的懸殊都一直沒有改變過。現在的人口已經超過十三億，比起佛陀那時，又多增加了多少人口！窮人有多麼多，這種苦難如何計算？那一群窮困人，他們的時間如何算？過了多少年，多少秒鐘，多少人在喘息的分秒間掙扎，一直到現在，地球上同樣不斷地在增加受苦難人。

疫情當前，我們要互相疼惜。臺灣也面對了這一波的疫情，醫療承擔很重，實在是分秒必爭。感恩醫療人員不顧己身，憑著慈濟的精神，搶救生命，守護生命，守護著愛。慈濟醫院前搭起了檢疫站，也期待再找更大的空間，作為輕症隔離。醫師、護理師等等，全院上下都很疲累，為了要守護生命，守護人民的健康，守著師父的這一份愛。用「守護生命、守護愛」這樣的觀念，勉勵我們醫護同仁，大家再接再厲，勇於承擔。

這個時刻整個社會也應該都要有責任一起承擔。我們在外面的，要同心協力來做後盾，做力量的後援。互相關懷、感恩關心所有醫療院所同仁。假如需要一些物資，我們也可以來支援，比如說隔離衣、口罩，預防的用具，可以不斷呼籲，全球慈濟人來做後援。

這就是醫療系統在護衛臺灣，看看臺北是這樣，再往南，臺中慈院、大林慈院，也都是一樣。在這個時候不只是要承擔醫療，還要顧及到人文撫慰。

來到我們的醫院，不管是臺北、臺中、花蓮，大家要用那一份的溫柔，體貼撫慰病患身心。還有病患的家庭以親人，同樣也要關心。無法接近染病的親人，親人雖疼惜關懷卻不能靠近。這個時候，這種身心煎熬，何嘗不謂痛苦難以言喻？

所以說，慈濟的四大志業都同時啟動，慈善不遺餘力，總是盡心力作為醫療的後盾，不只是為自己的醫院，都是一樣的支持，用慈善作為醫療的後盾。

人文，我們的志工與醫療系統，原來那一份的「人傷我痛、人苦我悲」，那一種「同體大悲」的精神都有做到，沒有讓它缺失。儘管醫療是緊急的，但人文方面也不會忽視，那樣真實誠意的愛護照顧，那一種撫慰，我真的很感恩。還有我們人文系統的記者，為了要讓人人了解、安心，「報真導正」取得真實的線索。總而言之，這就是我們的人文，慈善為醫療的後盾，人文志業安撫社會的心靈，我們都做到了。

唯有要用虔誠的心，呼喚著大家要虔誠齋戒，讓全球慈濟人都能了解到，點滴匯合在一起，無不都是力量。一點一念心，無量數的點滴，無量數人的心，虔誠的心念來祈禱，上達諸佛菩薩聽。但是這一念心，一定要發揮大愛；要大愛護眾生，不只是護人類，真正的愛不只是單獨愛人，我們的愛心要普及到所有的眾生，所以一定要展示出大愛，齋戒，那就是要持齋。

在這樣大災難臨頭時，人人呼籲大哉教育，過去師父是「教富濟貧」，現在也要「濟貧教富」。看到了菲律賓的窮困人，拿起了寶特瓶、拿起了臉盆，到處呼籲人人捐口袋裡的銅板，哪怕只有一個銅板，大家也這樣施捨。這種的大慈大捨，佛陀教育我們「大慈、大悲、大喜、大捨」，就是淨化人心，教育我們捨出了所有的煩惱，捨出了我們點滴的力量。

五十五年前，師父不就是從五毛錢開始？如今看到了天下苦難，同樣很多的苦難人，更需要匯集點滴力量。一念心富，天下人人都富有愛心，富有力量，所以多一個人的愛心，多一份的力量，普及天下，這就是淨化人心，消弭掉了貪瞋癡，就會多累積了一份的大愛增長，就是多一份的福，有福，就會消弭災難。

所以濟貧、放生都是平行，大慈、大悲、大喜、大捨，只要忍一個口欲，我們就可以放生與護生。我們的口氣吐出無不都是污染，但是多一份好話，就是多一份的口德。布施口德，我們少吞食這一條生命。不知道開個口，多少生命入口；假如茹素，就是不吞食生命，就能多造一份口德。多呼籲人人持齋布施，要持齋也要布施，點滴布施不分多少，哪怕一分一毫錢都是功德，匯合起來力量就大。

聲聲呼喚，但願聲聲都可以入人人的心版裡去，能啟發這一份愛心。愛無量、情無限，期待無量無限，是真正的功德無量。

（節錄自二〇二一年五月三十一日上人開示：慈善基金會溫馨座談）

第三十堂課

萬般帶不去，唯有業隨身。在各地布下善的種子，讓當地翻轉人生。

這一年多來，真讓人心靈焦慮。擔心、關心，雖然無法見面，好在有現在的科技，這一條線可以相連，讓我們距離很遠，可是感覺就如大家在師父面前。

看到大家，不論人種族群，都沒有距離地匯合起來，師父心裡常常都很敬佩我們華人弟子。從臺灣到遙遠的地方，師父輕輕的一句話：「腳踏人家的地、頭頂人家的天，我們要取在當地、用在當地。」你們聽進去了，而且是做到了，在當地開闢福田，你們在當地布下善的種子，讓當地的菩薩，翻轉人生。

以你們的因緣，把善良的種子，發揮出生命的光亮，就在本土布下善的種子。從開始一直到現在，救了多少人？怕是難以數計，所以叫做無量。真正的一代代地傳，一個地方、一個地方不斷地擴展，讓他們窮困者得救了，轉貧為富。

我們這一群本土志工，雖然經濟狀況不是很好，但他們心靈富有；富之有餘，還可以去幫助別人，是心力、身力，真正的人與人之間互相提攜，彼此勉勵，不斷把力量聚集起來。沒有你們那個時候的用心，哪有現在這一大群的種子？所以，很感恩當初二十多年前，那個時候大家的用心，大家的付出與團結。

當地的志工也好，華人志工也好，華人集會，慢慢讓大家能了解，可以把愛的力量集合在當地，發揮給當地，成就了四大志業。慈善，大家都可以再加強人力、物力；在醫療，我們想辦法有沒有醫療的因緣？我們進行義診，因為有人就會有病，何況當地人的經濟不好，貧與病一定是當地人常有的苦痛。所以我們若是慈善有餘，可以的話，看看能不能接引醫師，投入我們陣容裡面，施糧又能施醫，很期待再增加這些資源；當然，人力都要不斷地菩薩招生。

聽到大家從「法」，都有在精進，聽到大家在聽《法華經》，而且誦念《無量義經》。大家要把《無量義經》當成日常的功課，每一天能一品一品研讀。《無量義經》有三品，可以一品一品的念，把經文念入心，我們身體力行，開拓出了我們心路。把《無量義經》成為我們心裡名副其實的心經，從我們的心靈之路把它打開，延長、鋪平，讓我們華人系統有志一同，透過文字來把法傳出來，大家分享，把握人間的生命價值。

生命在呼吸間。所以我們每個人要把握現在，身體好而且心理健康的時候，利用當地的資源，人力資源、物資的資源，多為當地付出。人間就是這樣，有價值的人生，生活安定，為社會付出，就是我們真誠的造福。

付出造福人間，真實功德回向的是自己。我們的善種子，自己耕耘，一顆顆的善種子歸入於我們的八識田。「萬般帶不去，唯有業隨身」，這個業的種子，我們期待多造福。福業種子輸進了我們的心田裡，進入了八識田，而且再讓它進化，走入了第九識，那就是清淨無染的本性，那就是佛性。

人人本具佛性，只是人間生活習慣，開啟了欲望之門，所以迷了。現在覺悟之道，一道的門也開了，路也已經鋪了，期待大家拉長情、擴大愛，把這一道門大開，菩薩招生，都是要及時，現在這時候真的要及時。

（節錄自二〇二一年六月一日上人開示：南非分會視訊溫馨座談）

第三十一堂課

菩薩所緣，緣苦眾生。
天降大任，人人有責。
天生我才，合為一心。

生活最實在的就在無常，真實的道理就是在無常，所以「無常」，但是過去了。

我們現在有話說，就是因為有過去，現在才有話說；過去的每一個現在，都是在人我是非中。人對我的看法，到底他們要分析的這個人、這個時候、做這樣的事，有「是」，有「非」，所以時間都是在是非中過去。我們，尤其我自己，是以一種與人、與事都無爭的心態在生活，但是任何一個人我都很重視，因為要尊重生命，每一個人都是活著有用的生命。

「菩薩所緣，緣苦眾生」，我來這一趟人間，過去多少菩薩先我而來，把我帶入了菩薩道，種種因緣，提起了時間、年月，到一路走過來，走走跌跌、是是非非，在時間中過去。而現在，我感覺到很安慰，因為在這個時候被社會所需要。五十多年前的慈濟，在那樣的克難的環境中，在那樣的沒人、沒力、孤單的情況下，慢慢地萌芽成長。就像在這個盆栽中，把種子放在盆裡，它有萌芽，也有生根，但是它侷限在盆子裡，根生不出去。它要長大，總是被環境侷限。

我這一輩子都是自認為在盆子裡面，天天在繞著，看看大自然的景觀，天天看到的樹，一直沒有知覺到它們在茂盛成長。過去我坐在這裡看出去，還可以透視到了圍牆外的遠方，可以看到我們的陶瓷坊；現在已經看不透了，視線穿不過去了，因為大自然的樹已經生根，在大地自由竄長，它開枝散葉，把我們的視線擋住了。

所以說來，現在就是這樣，要看見外面的世界，很難；要聽到底有多少聲音，也難。當大家提出來，哪些事已做過了，我很感恩，這項有做到、那項也有做到，每項都安排得很好，我很滿足。但是，它是一盆盆的盆栽，大家各做各的，到底有沒有辦法連通起來？大家都很盡責任，但是有沒有連起來，能把整個環境都打開，並且容納進來？

佛陀是人間大智慧者，他是無相，卻有充分的智慧。因為他的智慧，說起了過去、現在，還有在未來。

你要看佛法，一定要看佛陀來人間的願力，他的願力是從無始劫以來，是無法說起確切時間的歷史。不過，為了要讓人間能信受奉行，現在與未來的人類能夠有見證、有真實。佛陀的真實感，老實說沒有東西可以來見證，因為佛陀涅槃之後，阿難過了十年後才開始「如是我聞」。我很希望大家要認識佛法，要理解師父說的佛陀時代，過去是靠著阿難的回憶，所以回憶很重要。

因為佛陀涅槃之後，阿難自己修行去了，很多的弟子都各自散開了。一直到幾十年後，迦葉尊者覺得非結集起來不可，把阿難他們再找回來；阿難又再回憶過去，這種「如是我聞」，只是傳聞和回憶。「如是我聞」，把傳聞中的隻字片語，依靠具有正知、正見豐富的思路，發揮他的智慧將片段匯集成大篇大論，並憑著想像將故事一段一段連接起來。最真實的其實就是生老病死。

佛陀發現到「無常」的道理，就是「成、住、壞、空」，「生、老、病、死」，人的思想就是「生、住、異、滅」，三理四相的道理。簡單幾句話，森羅萬象，無不都是同樣的道理。所以，生就是成，我們人的生命，「生」，就是「成就」起來。成就也要種種的因緣，要「生」一樣要因緣，都是離不開。我過去一直說孤單，其實凡事都無法「孤」，無法孤立。我的人生，要依賴眾生、要依賴物資、要依賴五穀雜糧，才能生活下去。生活一定離不開「眾」，所以要「獨善其身」是不可能的。

同樣的道理。我現在就是把握因緣，那時候的一念之間，很值得大家要去好好思考，小錢行大事，五毛錢就是集合很多因緣。這個因緣起初也是在於師公（印順導師）的一封信，把我調去嘉義妙雲蘭岩，沒有他的一封信，我也就不會去表達要離開了。若是沒有當年在小木屋修行的時光，以及三位老菩薩在那裡守護著我這一位修行者……這一切都是因緣。

當時普明寺供奉的地藏菩薩真的是很不可思議，用世俗語來說很靈驗，有求必應。聽說回溯到日據時代，有一回發生瘟疫，那個時候花蓮佳民村的原住民因為很惶恐，所以當地日本人為了平息恐慌，去立了一尊露天的地藏菩薩，讓當地原住民有心靈寄託，祈求菩薩讓瘟疫消失。

光復之後，我還住在豐原，當時大家都很虔誠會去拜菩薩。當時我也很常去慈雲寺，每天清晨四、五點就出門，我們家雇的打掃阿姨會在我出門後幫我關門。我到慈雲寺會跟著拜佛，結束後在那裡與修道法師天南地北地聊天。有的時候，他們同樣要讀漢文，請一位漢文老師來教，我因這個因緣，在那裡聽了《論語》。

我對《論語》也很用心，甚至也讀到《大學》。「大學之道，在明明德」。最記得他們耕作農田，開始播種、搓草，我也都跟著去，到了現在，你說要怎麼耕作，我都還記得。我就會說，你這顆種子應該是什麼時候播種，要如何耕土地。當初我們種稻子，稻子收割起來，要趕緊變成旱地，利用時間，去借牛來犁田，那個期間趕著種豆子，不管是綠豆、紅豆、黃豆，我都種過。五穀雜糧都親身經歷。

所以，凡事要認真，我一直跟大家說，真正的故事就是過去的歷史，歷史本身見證或是旁人見證，只要還在，全都是見證，是最可貴的歷史。

佛陀的時代，一大事因緣就是教菩薩道。但是因緣若沒有匯合，儘管佛陀的理想要教菩薩法，還是沒有成就。佛陀精神的種子，長期一直延續到現在，所以要展開大愛。大愛從覺有情，佛陀時代的理想的覺有情，直到現在，因緣落地，一生無量。我也覺得還有責任，所以這幾天努力為自己打氣，每一回跟大家說話都是很用力，很期待這一份心力的量，可以再更展開，號召更多人。

人人都是佛，所以我常跟大家說：「天降大任於斯人。」斯人是誰？人人有責，斯人就是我、是你、是他，每個人。大家若有心，天下大事，匹夫有責。何況我們在臺灣，不管是我們自己，或哪裡有需要，要趕快來呼籲。此時要如何展枝，法的葉要出來，如何鼓勵社區，並且來呼籲大家。「時日已過，命亦隨滅」，時間會帶走一切，會留住很多的回憶；那些回憶都是歷史。現場記錄最實在，感恩慈濟可以在這個時候被人人所需要，我們更加歡喜，而且要及時付出。因為貧窮、困苦的更需要幫助，他們沒有工作。過去有工、有力，他們可以生活；現在有力，沒工作，沒有去討生活的機會。我們更要自動，要主動去擔這個擔子。

很期待，大家都有出力，此時此刻人人有責任，「天生我才必有用」。每一個「我」都有這樣的觀念，那就是大我無私，盡人人的心力，現在我們人人都要合為一心，這樣才能消弭災難。

（節錄自二〇二一年六月三日上人開示：慈善志策會）

第三十二堂課

量彼來處，心存感恩。正思、正念、正知、正見、正定、正解，還要正食量。

一定要齋戒，有齋有戒，齋就是茹素。人人要持齋，不吃眾生肉。要很乾淨，為了要養生命，所以我們吃的是五穀雜糧。我們在每一餐要吃飯的時候，總是會合掌，那就是五觀，要做五種的觀想。第一項就是「量彼來處」。

量彼來處，思量一下，這一碗飯的來處。那是米，米的來源就是穀種，從布種到插秧，還要經過農夫把秧分開種在田裡，叫做插秧。秧，慢慢長大了，多少農夫的血汗去付出。稻變成稻穗，稻穗累累收割，稻穀變成米，黏成白米，白米煮成飯。要煮成飯，還要升火，就需要靠柴，柴在深山，在山上砍柴破壞大地。柴砍下來，需要人力去砍，再用人力搬運下來。柴火在灶裡燒，還要鍋子，鍋子還是要冶煉鐵類金屬，還要再挖山破壞大地，取出很多金屬的原料。一次再一次不斷經過多少工業，完成所有的器具，鍋盆碗筷等等。

所以每一餐吃飯，端起碗，要經過土、人工、水、手拉胚、燒窯，才做成那個碗。過程無不都是各種工業，各種破壞大地的源頭，種種因緣匯合起來，成器成物。所以吃飯之前，我們要抱著感恩心。我們來計算一下，要多少的農工商等等，很多匯合起來，才有這一碗飯。我們一定要用感恩心來面對這一切。天地萬物養我，每一個人都離不開我、你、他，同樣都是靠著這樣的生活物資來源。人人真的要感恩，生活在人間，有生命。尤其感恩慈濟當初開啟慈善的過程和眾因緣，愛的能量因緣匯合起來。慈善的後面接著就是醫療，完成了。但是醫療志業完成，醫療科技日新月異，還需更精益求精。醫療科技臨床研究也發現很多種疾病，發現到了病。當年佛陀都說有四百四十種病，現代豈止四百多。現在病種不知道有多少？醫療研究，肝腸胃膽等疾病，光是每一種體內都有不同的細菌覆藏在裡面，所以這叫做小乾坤。生活外面大乾坤，小乾坤要依靠大乾坤。光是人與人也要互相，有他、有你、有我，三個人以上叫做「眾」。三個人字匯合起來叫做「眾」，所以叫做「眾生」。人只是在眾生中的其中一種「生」，叫做「人生」。這樣的人生又造出來很多的人禍，天災從人禍，說不清，很多！

我們現在光說人生之病，病的來源，就已經引出了許多的感慨，所以這就是「苦」。人的思想離不開這樣的人事物，有的追求欲念，那就是

「物」，田園、房地、妻子、親人等等，這些可以順心如意嗎？光是每一個家庭，是不是都求得家庭圓滿呢？凡事都會有缺陷。生離死別都是一定會經歷的，愛的人也非離開不可，就算不是死別，也會有離鄉背井的生離，所以很難要求愛的人都長伴身邊。死別，就是最愛的人往生，像我是修行的人，一切都放下了，放棄了小家庭，就是無牽無掛。但我能對人的離開無牽無掛嗎？也不能，我也有法的家眷，如來家眷，如來的家，如來的眷屬。

我天天都牽掛著天下人、天下事，這一波的疫情，每一天聆聽著我們的醫療系統在報告，真的又是牽掛又是感恩。牽掛著每一個醫院，我的眷屬（法眷）全院都與我有關，大大小小，老老幼幼，全都是跟我有關，都是我認識的，都是我牽掛的，叫我如何不掛心？叫我如何不思考？天天都是在思考著，要如何讓人人都平安，就是要時刻的虔誠。這一份虔誠，總是心無雜念，要用清淨心來做虔誠祈禱。這也是很困難，能無雜念嗎？不過還是要很盡心努力，真誠的心上達諸佛菩薩聽。

所以我要呼籲人人虔誠祈禱，透過人人虔誠心靈的心波，也就是心聲的波，可以共振匯合起來，可以上達諸佛菩薩聽。其實諸佛都是憐憫的，菩薩都是慈悲的，無奈眾生總是造業。最近腦中一直浮現小時候空襲的情況，第二次世界大戰時，大家為了逃避空襲，警報聲一響，不管人在哪個地方就要立刻鑽進防空洞或類似的地方躲。所聽到的都是，大家都在念，「媽祖婆、觀音媽保庇」之類的。炸彈落地驚天動地，等到聲音消失，警報解除，走出來時就會看到驚心動魄的景象，人的屍體腸肚掛在電線上，到處可見。

小時候所經歷過的第二次世界大戰，那些血淋淋的影像抹之不去，一直都是在心田。「想」，就是相下面一個心，所以思啊、想啊。想著過去，思著未來，現在所思考的，就是如何讓這一波的疫情能過去，如何紓困，幫助天下的苦難貧窮飢餓。

我現在面前這幾張地圖是防疫全球行動，現在已經走過了九十三個國家地區，防疫物資合計起來，已經超過四億件。想一想，累積起來有那麼多醫療物資。像是今天載出去的物資有六台包機，專機輸送出去。看到貨運機不夠，我們要請客機，客機還要把座位椅子拆下來，空間內都是要運送的物資。

慈濟在這一波疫情目前援助全球的物資就是有這麼多，我們從去年開始就在鼓勵發送物資，感恩一直到現在還繼續。我們鼓勵人人要有共同的一念心，用愛來付出，來彼此撫慰。看看警消他們在社會上就如人民的保母一樣，哪裡需要就到哪裡去。這幾天聽說臺北白金花園旅館徵用為防疫旅館，臺北慈院醫護配合政府進駐。我們還要走入軍營，建立篩檢站，都是因為慈濟有了醫療，所以承擔很大的責任。

天將大任於斯人，全臺灣人人要有這樣的觀念，就是責任。我們呼籲整個臺灣，每一個人都要起一份恭敬心，要知道救人的人很辛苦，一定要提升愛的感恩。我們的社會理念正，自然氣就正，福如果旺氣就正，所以正氣就會消除了邪。日文的感冒叫做「風邪」，現在的風就是空氣，空氣中要讓它很淨、很正，清淨的淨，要淨而正，正氣乾淨才能消除病毒。所以，我們的心要正念、正思、正念、正見等等的正，把人的邪氣輔正起來。

要時常心存感恩，也就是心念大愛，還要覺有情。把握這一股情，人人有情，人人有愛，人人的靜思，把正念建立起來，心存正思、正見、正知、正解。還要正食量，是正的食量，量彼來處。我們要用感恩心並且不殺生，感恩社會所有一切讓我們健康生活。所以，記得這一句話「量彼來處」，感念東西是怎麼來，要心存感恩。我心中有許多的感恩，感恩人人用心、用愛，用精進的供養。

（節錄自二〇二一年六月六日上人開示：全球精進日）

第三十三堂課

大哉教育，警惕天下。一草一木，無不都是藥。

這一波疫情不只是慈濟人需要，整個社會人人都需要大哉教育，為天下而警惕、而教育。

這一波的教育，要如何學習？最重要的是，要先培養出愛心，一份愛的完整，愛惜天下一切萬物。人，是排在第一順位，再來是所有的生靈，我們都要尊重。尊重生命，就要懂得如何保護人類健康、平安，同時也要愛心關懷到萬物、動物生命，我們還要愛護大地。因為天地，沒有無用的東西，看看大地，只要是草啊、木啊、花啊，大地所有的，都可以是藥，無不都是藥。

我常常提起《法華經》中的〈藥草喻品〉，在佛教的經典中，《法華經》堪稱為經王。為什麼為什麼我要特別提起〈藥草喻品〉？因為在《法華經》二十八品裡頭，〈藥草喻品〉就是第一品，可以想見是多麼重要。而在法華三部的開經《無量義經》中也提到菩薩就是：「船師、大船師，運載群生，渡生死河，置涅槃岸；醫王、大醫王，分別病相，曉了藥性，隨病授藥，令眾樂服。」

現在的醫療科技發達，每一天都會聽到該如何預防、該如何隔離的種種資訊，雖然現在還沒有靈方妙藥，但是可以隔離，也可以設法預防。另外像是花蓮慈院團隊研發的淨斯本草飲，就是使用傳統的幾種中草藥，提升大家的保護力。

人間，我們要感恩、尊重、愛。現在我們要尊重天地萬物，沒有無用的東西，大地萬物皆有用。這都是我常常說的話，不要看它是草，可能之後會變成很珍貴的草藥，要找也很難找到。人世間有許多的不可思議，這一句話，我也常常這麼說，因緣不可思議！

各位菩薩，我們要緬懷故人。所以這幾天我叮嚀大家要好好顧好陶瓷坊，不可以因為德慈（師父）往生了就收起來，還要把過去所做過的作品，好好展示，這都是我很期待的。見物思人，看到物，表達在緬懷、想念著他的心情。

（節錄自二〇二一年六月七日上人開示：週一志業溫馨分享）

第三十四堂課

不要小看自己，人有無限可能。人間與大地共生息，荒土也能變良地。

這是條正確的道路，感恩發大心、立大願，如地藏菩薩的心願，走入了地獄，為的是要救苦難眾生。感恩你們的心願總是永恆，沒有浪費時間。你用生命把它耕耘過來，辛巴威表面上看得到是窮困，可是我今天所看到的是富有。

我時常說，有一大群弟子在遠方，雖然膚色不同，但是心、志願都是相同，師徒同心，走在娑婆世間。堪忍啊，哪裡都苦，不只是在辛巴威，辛巴威是苦在表面上；有些人是富有的，物質上富有，但其實他們也苦，苦在精神面不知足的苦。所以，看到辛巴威的富有，是心靈的富有；看到了富貴人家的苦，苦在心不足。

總而言之，人間本是苦，看到菩薩們在辛巴威行菩薩道，看到用法來轉變他們的生活，轉葷為素。看到影片中當地的小孩子挖螞蟻窩吃，螞蟻窩中，有無法計算的生命，那整窩不知道吃了多少？要把這些行為扭轉過來，給予他們正確方向，從無用的雜地、雜草，成為如黃金一樣的穀種、青菜，這都是永恆的。

人間與大地共生息，大地供應給人類很足夠的資糧，所以我們人要去知恩，要珍惜大地。開發無用雜草叢生的土地，變成一畝畝很有價值的田地，而且還把大地分割，讓他們個個都能自己耕耘。小塊小塊的土地，給予他們這樣的學習，這一塊土地他們要如何使用，用他們的力量、用他們的知識，利用每一個人所分到的土地，自力更生，真的很不簡單！

「不要小看自己，人有無限的可能」。大家都很清楚，「做好事不能少我一人，做壞事不能多我一人」，就是這麼簡單，他們能接受，能身體力行，師父讚嘆他們，也感恩他們。

（節錄自二〇二一年六月八日上人開示：辛巴威視訊連線溫馨座談）

第三十五堂課

預防在前，治療在後。合和互協，點滴匯合，就能發心出力。

現在醫療很發達，科技也很發達，能很快速發現到、檢測到病毒，並靠細心提高警覺預防。除了細膩的守護著，很快速地分出病相，疫情有誰感染到，馬上發現、馬上堵住，不要讓它再擴散，這是很重要的。預防比治療重要，讓人們健康，不要感染，不要等到有病了才治療。所以要雙管齊下，預防在前，醫療治療在後，前後好好的守好。

很歡喜地看到雅加達印尼志業園區的印尼慈濟醫院啟用了，視訊裡每一個角落都看得到，空間明亮乾淨，設備齊全。從裡面看出去景色之美，前面有開闊的海，周圍都是新的社區，環境很美。

慈濟醫院很宏偉地建立起來，與靜思堂鄰近，園區裡面還有教育，我們的員工孩子可以就近在醫院旁邊、靜思堂周圍建起來的學校入學，這些都讓人很歡喜，孩子、父母都安心，孩子可以有幼教、有小學，父母工作也安心。他們開始推素，在印尼要推素實在是不簡單，可是慈濟人文精神規則也帶得很好，我很感恩。開始培養醫師，就有了一大群印尼的大企業家，出錢出力，專心護法，付出無所求，真正的做到了師父想要做的，一切很理想，也很落實、很實在，很開心。

臺灣這波疫情，我們看見四合一（合心、和氣、互愛、協力組隊），合和互協，從我們院內醫護同仁守護著生命、守護健康、守護愛，很辛苦。

在很熱的氣候下，他們全身都包裹得密不透風，滿身是汗，真的很辛苦。在這過程中，他們到底流了多少汗水？以臺中慈濟醫院成立的快篩站為例，裡面的工作人員，把濕透的衣服拿去秤重，每件大約有一百六十四克的汗水，這段時間動員五百一十五人次，這樣計算起來，流汗留了八十四公斤。護理師把N95口罩、面罩脫下，印痕在臉上，像是傷痕，實在很辛苦。也期待我們人文志業，把這樣的辛苦，不只為我們自己的同仁、醫師、護理師訴說辛苦，也要讓社會人士知道。當生命有瘟疫事情發生，大家惶惶不安、害怕的時候，生命所依靠的是什麼？就是醫護，這時候讓他們看見醫護的辛苦。那樣的誠，那樣救命，守誠守志業。

這波疫情不知還要多久，除了需要醫院以及相關醫護人員以外，現在還很需要宗教安撫人心，所以新聞中可以看到國外神父、修女等神職人員就如披戰甲，像醫師一樣用宗教的力量去治療病患的時候，也要防護嚴密才能靠近病人。

但是有些國家當地很缺乏防護物資或資糧，我們想要去幫助，卻不得其門而入。國際之間我們總是有無法到達的地方，但我們還是想要去做，那要怎麼辦呢？我們跟當地人彼此借力。借神父、修女或當地慈善機構，或是當地法師的力量，就算是來自不同機構的兩位法師，也能跟彼此合作，不管是基督教、天主教、佛教，我們都是透過他們供應物資，大家借重彼此力量。

我們總是要去照顧現在最需要地方，他們臨危，我們要不顧一切去付出。每一天，我都會跟執行長他們說，有需要我們就要快速供應，因為都是與生命有關，尤其是製氧機，與呼吸有關。許許多多都是透過不同體系，大家匯合起來，共同去努力。

我也要感恩全球慈濟人，期待全球慈濟人，多看看現在人間的生態，多聽聽現在所需要支援的方向，大家點滴都要盡心力。這不只是在談物資、談金錢，更是啟發愛心，愛心付出叫做造福。常常說福氣，有福氣，心正氣盛，心扶正沒有邪思，沒有自己的利益，大家有一個健康的社會、健康的空氣、健康的生態，才能有健康的企業、工業。

所以，現在全球人人都應該要先看，開闊眼界；先停一下欲念，要打開心胸，密切聽好正確的訊息，要出力、要發心，把點滴力量匯合在一起。你們只要好好去做，專心付出，就會有後援的力量。期待全球慈濟人都知道要合和互協，將一點一滴的力量都集合起來支援世界，普天下哪裡有災難，眼界要開闊，耳朵也要靈敏，聽更多正確的訊息，耳聰目明才會聽到真實話，不要人云亦云。

（節錄自二〇二一年六月十六日上人開示：與醫療防疫會議）

第三十六堂課

回歸到心上有田，有田是思。用心耕種，福慧雙修。

心上面一畝田，所以叫做「思」。假如光是「想」，那就是心上著相。所以，我們雖然心上有相，但是還是要「大哉教育」，要放開了執著相，回歸到了心上有田；有田了，你要用心耕種。種對了種子，那就是人間的糧食。人的生命所依靠的五穀雜糧，要多用心耕。

聽到了泰國菩薩們合心共布種心靈的福田，我心裡自然就會很安慰。所以，現在非得虔誠戒慎不可，共同一心才能消弭災難。唯有愛護普天下眾生命不可，我們要護生，要護生就是要持齋、持戒，才能真平安。道理不很深，但是人要做是不簡單。

我們時時都要有「戒」，不要冒犯了現在的這一波。我一直都在說，病毒本來都是在動物的身上，你擾亂了牠，牠就會如風吹微塵一樣，那就是塵土飛揚。我們要時常用法水來滋潤我們的心田，讓法髓增長，讓業力業障撥開，消弭災難。

師父最近一直說「福氣、福氣」，福氣是平安的一層保護膜。所以，我們還要無數量的推，把握因緣，這一波是給予我們推素最好的因緣。所以，泰國需要慈濟人，慈濟人要好好地精進，戒慎虔誠，是永恆的；也要多關心泰北。

菩薩在人間，我們人人都可以做菩薩。把握因緣去發揮「無緣大慈、同體大悲」，就是菩薩在人間的力量，是佛陀來人間的目標。這一波，就是我們要把握人間菩薩教育的時刻，請大家時時用心。

精進還要再精進，很多苦難中的人等待著我們，人人一念好心，把握每一天的好因緣，他們就會得救，生活就會安穩，這就是我們要發心做人群中的貴人。除了貧窮苦難人需要我們，富有的人也需要精神的資糧，所以我們也要多弘法，把佛法的精神帶給了每一位有福的人，我們要讓他們增長智慧，福慧雙修。

（節錄自二〇二一年六月十八日上人開示：泰國分會視訊連線）

第三十七堂課

教育不分宗教，絕對超然、清淨無染。開啟智慧，心心念念就都是善。

記得三、四年的時間，從二〇一七年開始籌備要在吉隆坡武吉加里爾蓋學校，建校工程差不多是兩年多，現在已啟用一年半，時間抓得很緊，速度很快。

難得的是人文的教育，是真、是誠，是所謂的真善美。校長認真、老師認真、學生更認真。看到了孩子度化父母更是感動，幼小的孩子能這樣受教，可見是歸功於老師的用心教育；老師能這樣用心教育，當然也是因為校長決心要辦好學校。所以，不管從上下來，從根一直到一棵樹，大家都很用心，很認真。辦學用心，教育真心，孩子很殷勤。總而言之，彼此互相教育的精神理念，讓我很震撼，很感動！

其實在遇到這波疫情的時候開學，要考慮的事情很多。需要把人的距離拿捏得恰恰好。生活的教育與衛生的觀念，都是一環扣一環，不斷地環環扣扣，但要扣得恰恰好，不會太緊，也不會太鬆，讓孩子們有活潑的一面，並發揮創意。

尤其是那樣的愛心，看到孩子的設計，在活潑中又是凝聚了善念。竹筒（存錢筒）很有創意，孩子們把錢投進去，他們自己會分類，一塊錢的、五塊錢的等等，分成了幾個格子，他們會自己去分出錢的多少，實在是嘆為觀止，很有數學觀念。

看到孩子的認真，開啟智慧，心心念念都是善，同時他們也會啟發父母親的菩薩心，行善之道。我們這個學校，由父母親組成了懿德會，慈誠爸爸、懿德媽媽，慈誠懿德都凝聚在教育的精神力量，這個學校名副其實是國際水準上的教育。

我們也看到學校的環境，很優美、很乾淨。學校蓋得再好，一定要有人時時維護著它，讓它乾淨明亮，這樣的學校是很難能可貴，要人人珍惜它、愛護著它。

這一波疫情，師父一直都在說「大哉教育」，也是教育的考驗。我們在吉隆坡，蓋了這一間國際學校，不只是禁得起考驗，還是在水準之上。被讚嘆了，叫做肯定；能被肯定的，就要維持好被肯定的品質，相信經驗會愈來愈豐富，教育的累積也會愈來愈有經驗，是國際型的典範。

期待我的精神教育，這一份愛一定要牢牢地落實在這間學校裡，是永恆的；永恆的感恩，生生世世的感恩。現在已經有一千多位的學生，要好好培養每一位學生，他們都是種子，都是社會國家的棟樑。一生無量，大愛無邊，菩薩情是永恆的，長長久久，對大家有信心。

記得「素」，就是能培養愛心的最重要的元素。未來的人間，希望的教育，一定要堅持這樣的愛心，尊重生命，愛惜動物命，就是我們教育的理念。

華語文的教育很重要，除了英文以外，中文是將來國際的語言主流之一。老師們、校長，記得師父的期待，華語文要好好地奠定基礎。期待人人說華語，語音要咬字清楚，像是在教英文一樣，發音要準確，特別是中文的發音很重要。這是對大家的期待，虔誠的為大家祝福。

更要感恩我們的慈懿會，就是護校的護法，期待這個學校都是要委託我們的護法菩薩，要記得以佛教的精神，大愛無邊，長情永恆，好好地顧守好我們這一所學校。雖然教育不分宗教，但是師父的精神，「為佛教、為眾生」，佛教絕對是超然，而且清淨無染，是智慧型的，宇宙之間智慧的大教育。

請校長、老師們，對宗教沒有什麼形式的罣礙，一定要有超然的看法，不要排斥佛教，也不要排斥其他的宗教，我們用清淨無染的宗教觀，真誠、愛護，培養未來天下人間的英才，這都是師父對大家的期許。

（節錄自二〇二一年六月二十日上人開示：馬來西亞吉隆坡慈濟國際學校溫馨座談）

第三十八堂課

非說不可，非做不可，非行不可。心心念念在人間，擴大世間愛的連合。

世界現在看見了窮，獅子山窮、海地也窮，世界上大約有九億多的人口處在飢餓之中。但是在臺灣，垃圾很多，廚餘更多，吃的也是最浪費的，說起來真的是很慚愧。我幾十年來都一直在期待著，人人用愛，愛就是愛天地眾生。任何宗教都是在說愛，尤其是佛教，是愛一切眾生，一切眾生包括了蠢動含靈，這都是一切眾生。

我常常都說，人要懺悔，懺悔那一份已經知道的道理，所以我們要時常說懺悔！但是呢，懺悔沒有用，因為做不到。是否真的做不到？不是，是人少了那一份的勇氣，就是缺志氣；有發心，發心都是志願，有志願的心，已經立志有這一份的心願，但是還是做不到。

有一段時間，我說也沒有用，所以就不會說。但是最近我說「非說不可」。我既是說「非說不可」，就是要慈濟人「非做不可」、「非行不可」。

個人事小，天下事大，大家把吃的習慣改一下，說出來的話就有分量，就可以影響很多人。人不要輕視自己，對人是有分量的，要看重自己，要鼓勵自己，說出來的話就可以影響別人。

你一句好話，能引導人向著好的方向，何況現在這一句好話就是素。「非素不可」，「非素不可」這麼簡單一句話可以說出來，自己發心立願要素也不困難，素可以很有分量的跟大家談話，素也可以影響人。

總而言之，這個時候是要進行大哉教育，現在就是要「停、聽、看」才行，因為這一波疫情，全球有很多的工商業都受到很大的影響，而工商業一有停擺，就會影響了很多人。

因此這一波疫情，慈濟的慈善工作承擔更大，擔子更重。養兵千日用在一朝，我們長期做慈善幾十年了，不斷地呼籲，不斷地提起，佛陀的教育無常，無常不只是在個人間，是在眾生共業。

幾年前，眾生共業遇到了一波很強的幽靈反撲。一天殺了多少生命，既是眾生皆有佛性，既是佛陀說六道輪迴、五道輪迴都離不開天、人、地獄、畜生，還有一個叫做餓鬼。世界上受苦受難貧窮挨餓，這就是人間可以看得到的餓鬼道！

有時候看到了非洲的影片，或是昨天看到莫三比克的畫面，看到的畫面是孩子們膚色黝黑、瘦小、肚子大大的，衣衫襤褸。看到這樣的孩子，他們在這一秒鐘，與你跟我同存在地球上生活。我們要如何來幫助他們？現在不需要區分宗教，不要分是天主、基督、伊斯蘭教、還是佛教，同樣為了一個宗旨而合作，叫做宗教，這個宗教就是緣苦眾生。凡是宗教都是博愛、大愛、無緣大慈、同體大悲。這種愛的能量，就是我常說的「人傷我痛，人苦我悲」。

我常說，眾生與地球要共生息，現在地球天地之間都在告急。現在有哪一個國家的天空沒有受到污染呢？大地呢？到處都已經受到破壞了。因為人口多、因為科技發達，交通要開得通達，工商業要發展，路要開、山要挖，大地要破壞，種種的填土囤海、挖山鑽洞，哪處繁榮的地方不是先從破壞開始的呢？所以我才常常說，眾生共業！

現在日常生活中，師父可以坐在這裡跟大家說話，你們雖然在不同的地方，有的在自己的家裡、可能在美國、在德國、在獅子山，不知道多少國家，但現在有連線的，大家都可以聽得到。因為連線，現在世界大同，已經可以把國家與國家之間聯合起來，宗教與宗教也應該要聯合起來，人類也要把愛聯合起來，所以擴大愛不分國界宗教，愛都是相同的，我們要拉長情、擴大愛。

更需要的，人與人之間要建立這份情，叫做覺有情，是要覺悟的有情。任何一個宗教、國家、種族都是要覺悟的時刻，大家要連串起了這一份有愛的感情，要聯繫起來。所以這個時代一線牽，而且也是普及全球。

所以我們現在大家要連起心、擴大愛，現在更需要拉長情，把菩薩的有情一段段的把它們拉好起來。時間不會等待人，尤其是師父已在一步步地向前去，再也沒有機會回頭看大家了。

的確，時間不會給我有回頭的機會，所以每一天我都要把握分秒時間，要說我要說的話，儘管我現在說話上氣接不上後氣，但就是斷斷續續我也要把它一句句連起來。各位菩薩，把師父的話，幾十年前同樣的一句話，愛，大愛不分宗教，同樣一份情，情，覺有情，就是拉長情、擴大愛，已經超越了半個多世紀了。

慈濟今年已經五十五年了，現在五十五週年圓滿了，現在說跨出五十五，是五十六年的開端。現在五十六年的開始就要看大家了，師父已經不斷地往前，你們看到的師父，只是在看我的背影。大家要珍惜，期待各位菩薩，你們要面對這個時代，不要輕視自己，每個人心理要正，要正心、正念、正思惟，時刻的思想都是好的，都不能偏差。正思惟，我們的心要心心念念在人間。

佛陀說法就是為人間說法，要人間行菩薩道。菩薩兩個字，就是覺有情，菩薩叫做有情，但是我們要「菩提薩埵」，要覺有情。菩薩兩個字是取前一字、後一字，也就是叫做菩提薩埵，所以也叫做覺有情。

我們要覺悟人間的有情，有情不只是人，是所有的眾生都是有情。你對貓釋出了你的愛，貓就會窩在你的身邊，不肯離開；狗也一樣，所有的有情，你不傷害牠，牠會很接近你。老虎，不是見人要咬，是人見老虎要打牠。

猛虎，其實並不猛；毒蛇，其實並不毒，猛是人，毒也是人，因為人對於眾生那一份的錯覺，所以觀念都一直防著別人會傷害自己，這是錯誤，我們應該總是打開心，你去愛牠，同樣，愛人的人永遠會被愛的。

菩薩們，愛要長期培養，所以，我們面對現在的人間，有很多可以擴展。而且快速地擴展，需要的是人力，借力使力，我們面對缺乏物力時，我們要呼籲有心人，一點一滴凝聚力量，只要凝聚力量，我們聽到呼救的聲音，就可以快速地呼應急救的方式馬上救援。

現在，我們面對在獅子山的苦，我們今天也可以匯合希利基金會、明愛基金會、蘭頤基金會，還有慈濟。我們宗教匯合起來，無論是修女、神父或者是法師們，大家都是共同一個宗旨的教育，教育無不都是愛，愛的展開，各種宗教匯合，力量點滴，匯合起來，為苦難人付出。

我們大家堅定了這一份心，為獅子山先來一個核心的教育。而且，土地有了定案，物力很自然就會匯合。所以，在雙管、多管齊下，我們先朝政府，土地來努力，宗教來匯合，人力來共同，這都是多管齊下。

慈濟人一定會做後盾，所以還是同樣這一句話，大家要努力，共同要發心，還是不要輕視自己的力量。一個人的力量發心，可以幫助天下苦難人，而且我們也應該要尊重自己的生命的價值，開一個歷史的先鋒，我們都是歷史人。

大家要看重自己。這一刻就是要開闢未來的歷史，會造福很多人，因為有你、有我、有他，他你我，三個人合起來叫做「众」，中文「眾」的簡寫。大眾這一個字，寫起來就是叫做眾。大眾的力量滙合起來，不是不可能，只要大家努力，也許我們今年開始積極起步，就可以有土地、有工程，明後年也許就可以看到了一個富有的獅子山。可以翻轉獅子山的窮，不是不可能，只要我們眾志成城，將我們眾人的力量滙合起來，不是不可能！

（節錄自二〇二一年四月二十四日上人開示：
聯合國及獅子山「蘇珊灣」貧民區大火後援助進度報告）

第三十九堂課

時間不動，是人間、空間都在動。啟發生命的使命，要應機逗教，把握因緣。

到底現在是早或晚？早、中、晚都有，在這樣的地球上，我們的生活的空間、時間，真的不規則。空間也不斷在轉動，雖然現在我以為我是心不動、身不動、地不動，但其實地球自轉，我們就是在動。這種一動，是跟著地球空間不斷地在移動。真正不動的是時間，時間不動，我們人間、空間都在動。

最近常說，我懵懂的幼小時候，不知有我；到了年輕的時代，有個追求的我，要追求我未來的人生；到了中年的時候，也是在追法，我要把握時間，要好好的抓住法，讓它不消失掉。可能嗎？還是不可能，法隨著空間轉，但它也是與空間轉著，還是過去了。雖然我剛說時間沒有轉，那是因為我們同樣在這樣大空間裡面。

佛陀說億百千劫，因為人間所說的「劫」，那就是「時間」。但是時間不動，億百千劫如何過，是地球在動，繞著太陽穩在空間軌道裡，我們分毫都不能有差。常常都會說守護生命、愛，我們要守著毫釐，要好好的把握生命，毫釐不失漏掉，這就是我們要時刻用心。每一回講經完，最後一個結語，那就是要「多用心」！

各位菩薩們，好像講了這麼多，在說什麼？是「空」啊，因為你們聽不到一項很紮實的東西，所以「空」。但是「妙」，妙的法，「法」是最真實，所以叫做「妙有」。空中妙有，妙有是真空，妙有說到底還是空，但是空中的確妙有。妙有就是法，有法的存在。法的存在，透過了人，都是有為的法合成起來。

本來沒有我，現在是有我，我的我，是否長，也不長。出生的我，過程生老病死。那個過程，生下來的生態，生活的過程，從幼小、又少年、又中壯年，又邁入老年。年，就是時間，就這樣的過去了。在法，我們要好好的把握，我們真正的要聽進去。儘管「法」是看不到，摸不著，可是那一份真正法入心，心的清涼地，真正輕安自在。

凡夫的空間，那叫做煎逼。我曾經說過「煮沙煎日」，沙好像炒過，陽光也好像煎過，所以叫「煮沙煎日」。可見這樣的形容詞，叫做「逼迫」，叫做煩惱的世界，叫做人間受苦。歡喜，有沒有很長？也沒有。快樂的事，特別快速的過去，歡喜一時而已，煩惱的、苦的，很長。求，求財產，享受物質生活，要多少才夠？求，永遠不滿足，不足的，人生求不滿，也是苦。要滿足到你說好，不求了，那個時候已經遲了，就是這一生結束，要不然他還是在求。

我有幾個弟子，超過百歲，現在南部、中部、北部都有超過百歲的弟子。他們還是有在求，所以他們都投入做環保，他們求什麼？求地球平安，求守護地球、愛護子孫，為了子孫的未來，要把地球顧好。有幾位，他們就說求在我來生，地球還健康，還不都是求。

師父本身，也是有求，我要求得人間祥和，要求得社會健康，人人平安，叫不叫求？是有所求。所以看到了疫情當前，苦不苦？苦中還有求，要求得這一波的疫情，平安快速的消弭過去。

生來人間，總是要有誓願，要入世，要有弘願，有很大的願力。入世立誓弘願，甘願來，歡喜接受。既來之、則安之，面對這一波，我們還要很輕安、很自在。不輕安、不自在，就是動跟著動，煩跟著煩，惱跟著惱，而且憂鬱跟著憂鬱，這要如何過，叫做「難過」。人生的難過跟苦，就是不好過，所以叫做苦。

菩薩們，聲聲句句，師父對大家的稱呼都叫做「菩薩」，我相信菩薩都是記得自己是覺悟的有情，人人現在就是要有備而來，不是隨業而轉來的，我們是要有使命的來。假如人人有這樣的心態，去面對人間，你就會感覺生命很有價值。我們啟發生命的使命，這樣的價值觀，對自己要珍惜，對人人要尊重，珍惜自己的生命，是人間有用的生命。

所以我們要好好珍惜，我們要尊重人人，因為他們也是發心菩薩。我的你，是在我的對面，我會說你、他，第三個就是我。所以他、你、我，可以彼此通俗稱呼。假如能這樣的通俗稱呼，我們共同活在這樣的空間，這個空間健康，就是人人健康。這樣的空間的氣候涼爽，那就是人人所感覺的心，我們的心，我們的身，我們的景，總是很諧和，很調和，這樣的日子，總是比較沒掛礙的過。

但是沒有掛礙的人生過程，難求。既是難求，我們就不要求。不求，但是好好的守護，守護人人的健康，守護人人的尊嚴，這叫做「感恩、尊重、生命愛」。這麼多年來，反反覆覆，差不多都是這幾句話。在反覆中的法，每一部經、每一段落，我說的都是同樣的法。其實向佛陀求法來，也是同樣的法，道理都是很簡單。因人而異，因為人不同，根機不一樣，所以要隨機逗教，隨景而異，隨那個環境不一樣的講法，隨人的根機不一樣的說法，這叫做「應機逗教」，還要把握機緣，把握機會、因緣。

我最近還有一句話，天天都重複地說了不知道有幾次，那就是「把握因緣」。把握什麼因緣，大哉教育，就是這個時候要把握的因緣。因緣要把握，我很想說，但是說有用嗎？說，人聽不進去；有聽，不領受；領受了，做不到，這就是說也沒有用。總是有人聽，但是領受了，不過做不到。

如現在，面前（視訊）所看到的，現在全球有四十五個國家地區，有七十三個社區道場，同時在聽師父說話，四十五個國家地區，有多大面積呢？距離離我多麼遙遠？繞著地球，是早晨間，或是中午，或是傍晚、夜間，我都不知道。就是要大家這個時候，聽得到我的聲音，這就是不可思議！

身不動，心不動，我的心，不曾動搖過，我就是要說這些話，不管誰在聽。我身體也不動，總是在這裡，哪裡都沒有辦法去，可是現在多少人，心裡願意接受來悟師父的心。我說出口，你聽入耳朵，入心裡去，我也是打從心裡想著要說的話；大家用心，想要聽的，聽進去，聽入你的心裡。法也是一樣，法呢，我想說這樣的法，經過了很微妙人生的六根鼓作起來，我說、你聽，透過時間，有多遠？距離這麼遙遠，聲音好像幾秒鐘之差。

但是你聽你的話，我說我的法，在這樣的空間、距離，我說出去，兩、三秒鐘，你聽進去。雖然說兩、三秒鐘的距離，都無罣礙，我說我的，這兩三秒鐘，你聽你的。你還沒有聽進去，我後面的話，又要說出去了。各說話、各聞法，你聽你的法，我說我的話，幾秒鐘的距離，沒有互礙，沒障礙到。

地球這樣大的空間，我們互相距離的空間，如何把話傳到你心裡去，實在是天空無涯，無法測的距離。我們彼此之間的感覺沒有時差，就算是現在，我現在說的話其實到你那裡，是三、四秒鐘以後的事情。可是你們聽來，師父現在才說而已，所以這就是在毫釐之差，沒有分別相。我們要說你跟我是不是有差距？其實都有距離，但是拜現在科技，可以透過這樣互相溝通，我們就是要珍惜。

法，總是同樣一個法，沒有各樣的法。各位菩薩，佛法沒有他法，我要跟大家說，佛陀時代這麼說，生來的因緣，跟往生後，還要再來這樣的輪轉，不能脫離十二因緣。十二因緣的裡面，有形、無形，交叉複雜，就是離不開這十二種：無明緣行，行緣識，識緣名色，名色緣六入，六入緣觸，觸緣受，受緣愛，愛緣取，取緣有，有緣生，生緣老死，在這些中間，開頭幾個法，都是無形的。沒有那樣無形的，稱為「因」，哪有彼此互動的「緣」呢？沒因，就沒緣，現在的緣是什麼？有對待，我說法，你在聽。有的人現在跟我距離很近，我的身邊坐著有多少人，他們聽；有的人跟我離很遠很遠，四十五個國家地區，七十多個社區道場，其實聽的話，只要你是聽臺語跟華語，你們都是同時，都可稱為「同時聽到」。我也是同時在說話，所以說來妙不妙？近距離、遠距離，距離裡面的聲波，聲音，這個聲波，如何傳播。

還有我們天天祈禱，全球虔誠的祈禱，上達諸佛菩薩諸天聽，這種一心，佛陀說一念動三千。一念動三千的意思，就是只要我的心，動個善念，我們大家的心，共同合成起來的虔誠戒慎。戒慎虔誠，匯合起來，那一份祥瑞的瑞氣，合和起來的氣，那就是虔誠。唯有人人合心，合為一念的虔誠，才能真正的感動了天、地。所以說來，這樣的要求做得到嗎？人人要共同一念虔誠，是很難。

我就會說，非人能擋，唯一的靈方妙藥，就是戒慎虔誠。難的就是在這裡，不是人人都能擋得住。這一波的疫情，唯一的靈方妙藥，是由人的心虔誠匯合起來；愛，就是完整的愛。戒慎虔誠就是要愛護動物，愛護物命，不只是人物，連動物都要愛，天地都有命、都有活的生機在。

最近天天都會提起本草飲。本草，就是草啊，天地萬物皆是藥。因為眾生合成，無不都是病，因為眾生之間，彼此傷害，你害我、我害你，其實哪怕是愛，也是有害。父母最疼我，那也是害我，因為沒有父母的造因牽緣，我就不會有人生，總是感覺很辛苦。因為人生「生老病死」，過程有的人很有福，但有福的人是不是永遠都有福呢？沒有永恆的世間，沒有永恆的人生，沒有一件物品可以永恆，草木也是。土地上，明明菜園的草都除了，農夫在耕田，明明草地上所有的雜草都除掉，都乾乾淨淨。明天再來，那一點綠綠的芽又出來了，都是大地生機，它涵藏的生機很強。

天地萬物皆有命，都是活的東西，因為它活，它就對人有益。因為有命，都會有病，用什麼方法來對治？細菌、病菌它們也有命，很旺盛的時候，它們也先殺害掉有利益身體的菌種，它們旺盛起來，人就是它們的大乾坤，人體就會有病。就如我們面對著大乾坤，不守規矩的人多，山河大地就受迫害，很自然地，它的地氣也就會衰退。現在的土地，地氣變了，因為被迫害、被污染，所以大地現在也是病了！

虛空無不都是充滿了法，叫做「虛空法界」，這就是佛教的道理。看來廣無邊際的宇宙虛空，它就是充滿了法。法，有形、無形，無不都是有生命的涵藏。天地萬物無不都是有情，我們有情的煩惱，有作怪的煩惱，也有利益的煩惱等等，萬物都同在一個生態，所以叫做天地萬物共生息。共生共存，同樣的共同呼吸，任何一種生物牠都有呼吸，牠的空間，牠氣的流動，有流動就叫做活的氣。

整個生態，總是風在水裡，大地是在水上，總是鼓作起來。我們大地不能沒水，大地沒水，人不能活，大自然真的很奧妙。若要談天說地，真的是很深奧，現在的人類，可以很有專精的科學，靠著專科的學問去作探討。我們以前的祖先，是靠著很自然的思考。

佛陀時代，他要到哪裡去求道？他貴為一國的太子，要請人來授課，不困難。但是這非人與人之間，能授的課程，唯有靠自己去感覺。覺悟了以後，他就把天地萬物的真諦說出來。他能說出來，也要靠著我們人類的智慧，去真正的感覺。就像盲人，就是要靠他的聽覺。總而言之，天生萬物總是有生機，讓他有生活的機會，藉由他的技能、他的身體的機能去體會。

很期待我們全球的菩薩們，把師父的話聽進去。時間總是這樣的消失，剛剛我說，時間並沒消退，是我們人在自轉，我們人在地球上隨著它，自然的氣在轉，沒有脫離開地球的軌道，它在運轉著。我們還是由不得自己，擋不住它的轉，我們要順規矩，順法則、守規矩，這叫做「守規戒」，學佛就是要「守規戒」。

人會有苦，製造苦難，就是違規、犯法，我們修行就是再找回要走的路，過去累生累劫我們的方向，就是毫釐之差，一點點的方向差了，在五道裡輪迴。我們這一回，通通在人的軌道上，我們要很慶幸。唯有人間能成佛，因為人間是五趣雜居，它有善、惡，你修行就是要去體會什麼是善法？善法，就是「成佛之道」。我們要成佛，就是要走入這一條道，就是要「明白道理」，體會人間生的機緣，空氣、人間。

我們要如何在人與人的中間匯合起來，不逆向，順規則，守法守規律。不對的，我們要趕快調回來，這叫做「及時」。古早人說，放下屠刀，立地成佛，哪有那麼簡單？說時快，事實難！真正的這樣放下，就可以成佛嗎？也是，也不是。

過去的錯誤，現在覺悟了，不要再犯錯，就是求正確的法。再苦、再難耐，也得忍，也得耐，要有忍耐的心。忍耐有那麼苦嗎？其實沒有那麼多的苦，只是忍得自己的內心，貪欲的那一念頭，「已生惡令速斷」，要警惕自己。

「已生惡令速斷，未生惡令不生。」我有不好的念，就要趕快把它刪除、丟掉。不能做的絕不做，因為知道是惡；我若跟隨著對的人，就要更精進。「未生善令速生，已生善令增長。」還沒有生善，我們就趕快培養，把握現在，有這樣的機會，方向對準，我們要趕快循著這樣的方向，不要原地踏步不動，我們要趕快踏實往前走，修行要及時。

因緣如果沒有好好把握準確的方向，稍微停一下，一縱就放掉了，一放縱，瞬間就拉不回來。所以時光說來是長，是千百萬億那麼長的時間；說短，是瞬息在呼吸間，那樣很短、很短的時間，一個念頭，它就馬上消褪掉。要發善心，要開啟智慧，都是在瞬間的一念，這叫做「修行」。修行很困難，要把握好因緣，抓緊瞬息的那一念間，不是這麼簡單。所以說求道難，求道還要培養因緣，因緣是要分秒累積。

我常常都會對自己說，這是幾生幾世累積來的因緣，現在我開始說，師父想要這樣做，一呼萬應。聽到了師父這樣說，要做這件事情，我們大家隨喜功德，馬上發心，隨著歡喜，發心來做，這力量就會快速的構成了一條很粗壯的因緣牽起來。這就是好因好緣，總是行願，結果還是歡喜、法喜。一天的時間很安心，今天想要做的，因緣俱足，大家歡喜來，匯合，從早上一直到晚上，想想看今天呼籲說要做的，已經做到什麼程度。

慈濟人愛的力量、能量匯合，把它整股的力量結合起來，我現在感覺到很多的愛，以及智慧延伸。愛能造福，智慧能慧命永續，都是慈濟用五十多年努力來的造福與教導智慧，人人都是福與慧平修。五十多年，不是無中生有，都是步步踏實，利用時間、空間，集合了人力，一直很殷實的愛的付出。雖然是無形，但是它形成一股風氣，就是善的風氣，慈濟人愛的能量匯合起來，化有形為無形，化無形為有形。

（節錄自二〇二一年四月二十四日上人開示：
聯合國及獅子山「蘇珊灣」貧民區大火後援助進度報告）

第四十堂課

時間之長、距離之遠，遍虛空法界。一念三千世界，天地萬物剎繭抽絲，飛秒都要守住。

慈善工作所做的，不分年齡，總是人間有苦、有困難、苦難就要伸出援手。困難、苦難寫的字是同一個字，不同的音調，困難，是可以過，但是不大好過，這就是「有困難」！

家家都有一部難念的經，平常也許還可以這樣過下去，為什麼還可以過呢？因為爸爸媽媽都在工作，夫妻都有工作。但一旦有什麼事情發生，不管是社會的不景氣，或是這個家庭有什麼變故，兩個人就沒有工作了，這是「難上加難」。

所以有「困難」，也有「災難」，突然間的變化無常，這都叫做「人間疾苦」。人間疾苦，加上自然法則，就如現在，要跟大家說話，都要拚著命，真正說話，句句困難，因為我說話要很用力。但是一直有個心願，開口動舌，每一句話，期待人人都把它刻於心版裡。要記得這個時候、這個時代，是什麼事情發生？我不斷地反覆，一直套印著同樣的一句話，不知重複講多少次了。

我天天都在提起「大哉教育」。大哉教育，就是這個時候，我一直心裡擔心，這一波的擔心，的確是很冗長。過去的九二一大地震，就是瞬間發生的。慈濟面對著很多的困難，總是過一天做一件、做五件、十件，有開始，也有繼續在推動，有動、有感覺，它一定就會完成。

這一波疫情，叫做「傳染病」。現在的科技發達，這波疫情叫做病毒、細菌，細到什麼程度，用放大鏡還看不到，顯微鏡有的時候也會疏忽掉，那需要極度高科技的儀器去分析。

其實要分析，還是有重重的困難，還在努力中，只是一天天的時間，一波波的解析，速度非常的慢，慢到幾乎是像停擺不動的鐘，真的是很令人著急。時間就這樣過去，說它動或是不動，想要說的話，雖然深奧卻還是要人人懂。

就如明知時間，說距離、說光速，用距離如何來說，其實是幾億、幾百億的公里，光卻是瞬間到達，非常快速。好比太陽在我們這裡的感覺，以太陽的光速照射出來，等到地球上的我們有感覺到，也有八分鐘二十秒的時間距離，可見距離的遙遠。

但是佛陀一念三千世界，他一念間就可以普及到無量數的佛陀的世界。所以時常都會說，不可思、不可議無量國度世界。《法華經》裡，恆河沙中，一沙一世界，每一粒沙，都把它譬喻一個世界，一粒沙一個世界，到底恆河有多少沙？記得那個時候，我在陳述這一段的譬喻，就說一粒沙把它當成是一個世界，恆河沙到底有多少？天文數字也數不出來。但是每一粒的沙，本身又在譬喻無量數的國度，總是這樣一層一層地剝。

天地之間無不都是藥，天地萬物剝繭抽絲，都有可能是果。比如昨天說到花生，從說香蕉皮可以抗憂鬱，說到剝花生。我們吃炒花生，有的人會把花生膜都剝掉，但我相信這層花生膜，也有它的作用。

以前我們在種花生，就是牛在前面犛田，我們人要跟在後面，等著牛犛開的瞬間。犛開的土，趕快播下花生，一粒、兩粒，一步、一步，一個腳印一步，踏過就是一粒，或者是兩粒，怕的是一粒不成功，它還有第二粒。所以一步就是一粒、兩粒、一粒、兩粒，丟下去，腳還要一邊再踏下去，讓它黏實，還要踏得緊。

有時我就問農夫，為什麼叫我們要踏那麼緊？他說如果花生沒有播深，土撥一下，晚上若下雨，那些土就會被沖開，花生就露出來了。早上蟲來吃、鳥來啄，種子就沒了。天地萬物都是在爭食，你人要吃，鳥蟲也要吃，所以你播種下去，要趕快用土掩埋，還要把土踏實，這叫做「耕作的道理」。所以一舉手、一動足，無不都有它的大道理存在。

如此耕作，成長期約四個月，就可以拔花生。在這三個多月的時間，一直除草，在那個地方顧，看它開花、看它結籽。開花，看它的根一直竄，三個多月後，花生的葉已經謝了，上面開花，下面結籽。可能在座的很多人都不知道花生原來是這樣生長的。看到葉子都謝了，就是可以收成的時候。拉起整串纍纍的花生的瞬間，那種開心無法用言語來形容。古早人說，我們要吃一粒米，農夫二十四滴汗，名副其實，可知道種一粒花生，流的汗，無法去算是幾粒。

農耕的農夫，要讓土地能開花結籽以前，他就一定要流出這麼多汗，還要很用心，去呵護、去照顧。現在的醫療也是一樣的。這個人已經病了，檢查了、確診了，大家要提高警覺，要防護得很周密，來照顧他。看看這種付出，換得患者從開始插管、拔管、治療，到床上，可以下來，可以站了，可以在床邊踏步，好像在跳舞一樣，這種的心情，是多麼的開心。

每一年醫學院與護理學院，醫生在當學生的時候，要選志願的時候，要宣誓；當護理師畢業了，也要宣誓。醫師畢業了，要當實習醫師，也要宣誓。他們會發誓立願，守志奉道。當他們宣誓了，在我的面前，一屆一屆的，把聽筒放在他的肩頭上，我還會拍拍他的肩膀，要他們挑起生命的責任，那就是賦予重擔，要勇於承擔，這就是人生的價值。當他開始當醫生，一定要「守志奉道，其道甚大」。

我天天都對自己說，時光不斷地消逝過去，這一輩子踏上了這一條發心立願，要行菩薩道。因為「菩薩所緣，緣苦眾生」，明知菩薩道難行，可是還是得行，非行不可。明知困難重重，可是五十多年，行過了半世紀多，我一直對自己說，寸步無差，感恩過去的每一天，更要感恩五十多年間的每一秒鐘的心念，很不容易！一天是八萬六千四百秒，大家要記得。人的念頭不是算秒，一念間，一念三千界。一秒鐘，還可以算起了光速，但是一念間很難算。一念三千世界，就是小千世界、中千世界、大千世界，比三千大千世界之遼闊，時間之長、距離之遠，遍虛空法界，都在一念之間。

這個念頭要成菩薩道，一定就是在分秒鐘都要守住，不要讓它毫分偏差。一念差、千里錯，這個念頭，行要怎麼修，就是修一個念頭。這個念頭，實在是看不到、摸不著，那是「真理」。

總而言之，動一個念頭，我們可以用耐心等待科技如何分析病理。其實去中藥行抓藥，會發現有一種藥材是花生膜。我們平時吃的時候會剝掉的花生膜，還有人在收購當作藥材。那一層一層的膜，要收成多少的花生，才有一錢、一兩，讓藥房拿去使用。是斤、兩、錢、毫，用這樣的單位來入藥，實在是不可思議。

活在人世間，多活一天，可以多了解一件事情。昨天多知道一個，原來花生膜還可以做藥方。而且花生膜有輕重，我以為它無輕重，原來剝一剎，乾了，它不只有輕重，還可以做藥用！我感覺活著真的是很有樂趣。

可惜時間還是毫秒過去。時日已過，命亦隨減，多增加一份的常識，但是消掉了一天的生命。所以我們要多增加我們的知識。要不然，一天懵懂過去，還是無法得到世間的常識。

很多事情，人間識別不完，就像種花生，雖簡單，就是農夫耕作，但它也要有步驟，步驟裡面原來也是有那樣的大道理。所以各位，大家不要輕視，或者是疏忽，我們起心動念，舉手動足，一個念頭，都不可讓它輕易放過。

（節錄自二〇二一年七月五日上人開示：慈善志業溫馨分享）

第四十一堂課

天空破了洞誰不傷心，青山流了淚誰不悲傷。災難臨頭唯有覺悟，覺性抬頭，印證道理。

這一輩子，除了說感恩，還有什麼話可說？除了感恩，還有什麼最真實的話呢？所謂真空妙有、妙有真空。但是，偏偏人類去製造成了假中假、煩中憂，這種的問題，本來就是無常。在無常中，還要去製造那一個纏綿的情，明明都苦，人類又捨不掉那樣的家庭。看著貧窮夫妻百事哀，夫妻的感情，分分離離，又是切不開的情，又是怨憎會苦，又是求不得苦，又是愛別離苦，又是生老病死苦。

所以，「菩薩所緣，緣苦眾生」，類似這樣的苦，假如沒有慈濟人出現，看見這個家庭，這樣的苦，到底他的家，未來有沒有希望？他的孩子將來又是如何？有了慈濟人出現，孩子的生命有方向，未來這孩子會得到好的教育，只需要孩子，他應有這一份的好因緣。假如過去生不造好緣，也許這一群人出現在他的生命中，也是毫無用處，就如曇花一現。有人要救，當他要沉溺下去，明明拋下了一條線，手也伸得長長的準備著，只要他拉著這條線，一定是得救。怕的是，拉了又放棄；拉的這一頭，儘管多用力、抓多緊，也是無奈，這也需要因緣俱足。

過去有了這樣的業力，一生中有那麼多的苦。種種的因緣造成了這個家庭，不論是糾纏的感情或是物質缺乏，都是不如意的環境。這時候慈濟人出現了，這個家看到了希望，將這間房子清理乾淨、窗戶可以打開、屋頂、天花板、地板，都煥然一新。現在孩子也有人關心，所以他們的這一份感情，是否還會恢復呢？天地之間，因緣的調和，假如業力出現就失調；同樣的道理，天地間也是那樣的因緣，所以四大要調和！

最近氣候真的不調。而且不只是氣候的不調，還有山河大地，不管是山崩地裂，都是頻頻看見。慈濟也有這樣的一首歌《大地的園丁》：「天空破了洞，誰不傷心，青山流了淚，誰不悲傷，補天的女媧，哪裡找。」那天空破洞，女媧再來煉石補天？青山已經流了淚，我們能不動起了悲情嗎？很明顯這已經出現在人間，大地是不調和了。

這個時候又起了疫情。看看現在人與人之間都要有距離，衛福部一直在呼籲著，人群不要太密集，連市場都在呼籲著要分散人流。但是人離不開欲念，做生意的一定要有商機，店是租的，不開店，一天天過去，租金照付、稅金照繳，但是沒有收入，對做小生意的人來說，的確影響很大。

從去年開始，我就說這一波會影響很多，不只是疫情問題，商機也會受很大影響，工廠停擺了，店不能開了，平常靠著打工生活，擺地攤、擺路邊攤生活。這個時候假如再拉長時間，真正的影響人類生活，也會很嚴重。

人世間就如大山高，也有大海深，有這樣的平地，可以生活、可以五穀雜糧豐富，都是在一切調和的時候。一大不調，那就是危機顯現。大哉教育，這是一波的教育，災難臨頭，能覺悟的覺性，能不抬頭嗎？人人的本性，總是隱藏著，被欲念、厚厚的無明把它藏住了，一定要把無明的網打開。無明網在自己的內心，不是誰造作什麼事給誰，就是人人造業，合成累積起來，叫做「眾生共業」。

人，有個體的業力，更有共同的業力，就如我們生活在這樣大空間，看看大家戴起口罩。不只是自己的呼吸問題，是人人吐垢呼吸新鮮空氣；現在新鮮的空氣已經不調，就如缺氧一樣。不通透的空氣，總是不斷地把空間縮小。

就如我們現在，氣候很熱，沒有一個地方不開冷氣。但在我的書房，就不開冷氣，打開了窗戶，頂多電風扇讓它轉動，就已經感覺很滿足。我天天都在看天下人、天下事，就只用這塊平板電腦，一片小小的視窗，就可以看天下事，了解人世間。

當然，要去了解。但個人不同的興趣，很多人手中一機，常常看到大家低著頭在看，不知到底看的是什麼？但是我知道我所看的，因為我所看，可以知道天下事。

天降大任於斯人也，這一條路我們要如何來鋪，我們能不能做一個鋪路開道的人？空間封鎖著，現在已經有很多的國家鎖國、鎖城、鎖鎮、鎖鄉，社區封鎖起來，愈鎖範圍愈來愈小。都是我們過去，太為所欲為了，以為天空是開闊的，任我們翱翔，卻不知有天羅地網，這就是眾生的愚癡、愚昧。

我每天早晨醒了，就坐著發揮耳朵的眼睛（用耳朵看，用眼睛聽），了解大地它在呼吸。聽這個呼吸的聲音，是在地底下呢？或者是在空間裡呢？是空氣的聲音呢？還是大地在呼吸的聲音？是樹木在吐新的時候，或者是在納垢的時刻？我常常說人吐出的就是污垢，草叢樹木它吐出來的是氧氣。

當我們結束一天的活動後，污染、污垢的氣很濃；當我們都差不多休息了，天地之間，就趕快把它吸收納垢。一大早，就開始吐氧氣吐新，所以常常說要做早起的人，要早起。當然不能熬夜，人體陰陽顛倒就不好，不要逆向法則，我們要順天地道理，這就是我們要學習。

大家平常費盡心思在追逐名跟利等等。現在，這一波的疫情，我就說「停、聽、看」，停下了你的心腦追逐貪欲，靜下來好好的思考，天地之間的真諦、道理。我們要好好的淨化，先淨化自己，才能去教育別人。所以說大哉教育，我們的心要清淨。

一輩子再怎麼貪無厭，人人還不都是一個嘴巴而已，吃的都是從前面的嘴巴進去，沒有第二個口。假如再有第二個口，那就是「哭」了！我們要知道，人總是要順應天地，不要違逆。人世間，「經者道也，道者路也」。我們現在所走的都是路。

我剛剛從書房走出來，也是路，小小狹窄的一條巷仔路。從書房走出來，假如走路不平衡，偏過來去靠到這邊，偏過去又摸到那邊。每一次走在這麼狹窄的巷道，假如又偏了，我會說感恩，好在這麼狹窄。這就是我現在的狀態，意念不要多，只要有空間適合自己，那就滿足了！能這樣沒有苦難，只有面對生老病死。無論是過去的「生」、自然法則的「老」，都不覺得有什麼，都是很自然的過程。但是現在身心很密集經歷的就是「病」，「死」也是自然現象。

常常對自己說，很有福，身邊還有這麼多人，要喝茶，已經有水倒在我的面前，伸手端起了杯子，我就可以喝了，每一口水一喝進去，打從我的內心就是感恩。何況三餐的那一頓飯，要記著當思來處不易。我們要想，這一碗飯是多少人工？多少雨水？多少……等等。很多合成起來，換得了一粒粒的米，所以我會說一粒米中藏日月。每一粒米，它的過程將近一百天，它也需要好的空氣、好的雨水，還要乾淨的大地，肥沃的大地，周圍的環境等等。

剛剛我也聽到有人分享精舍的那一排落雨松，我一直想要去走一走，但還沒有去過，只是嘴上一直念。雖然離我這麼近，卻總是走不到，天天只走的路，總是書房到這個空間，在這個空間走到了大寮（餐廳），一天走兩次。走在廊道，常常從這裡要走到餐廳，眼睛看著好漂亮的環境，看到天空，看到了整齊、乾淨，我就很滿足。吃飽飯，從平台下了階梯，看著這一條廊道，也是很漂亮，這樣的地板，這樣的屋頂、天花板，都是那樣的整齊。

人生還有何求呢？還要再求什麼呢？其實該滿足了，得來這麼多，我該付出，要用什麼來付出？拿什麼來付出？就是盡心力，多用一點心，多利用現在可以出聲音，哪怕很很吃力，我也要很感恩還可以出這一份力，把聲音擠出來，我都是很感恩。

期待大家，好話，人人要開口說好話；有力，人人總是多付出一份力。不是一個人能做天下事，是要一群人，天下所有的人，匯合起來，才能遮住了一重重的業力。眾生共業，既共惡業，天降災難與疫情，我們現在要反省，趕快向天求懺悔，要向人與大地說感恩。沒有你們，我哪有因緣坐在這裡呢？我們要感恩天下的士、農、工、商，無不都是我們要感恩的人。心存感恩，叫做大愛，有了大愛，就是無限量的情，覺悟的有情。我期望就是要把這樣的話，這樣的道理，銘刻在心版裡。

在我心裡，我的規格是圓的，因為我看的是地球。我們生活的這顆地球，在浩瀚無際的宇宙間，其實是很渺小，可是我們人類很自大，所以非常矛盾。我們要跳脫宇宙、跳脫地球的格局，來看看我們的佛像，感受佛祖浩瀚無邊際的的精神能量，再來撫慰地球。所以本無相，但是把它具象化，沒有相就沒法好說，我們要發出聲音，講好話，並且人人要保養好身體。

就如我現在因為年紀大了，也很感恩我自己，已經經過八十多年了，真的很滿足、很感恩。現在在我面前的菩薩，都是跟我的年齡、空間還拉得很長。大家要把握每一分秒鐘，全球的慈濟人，不管現在是二十六個國家地區，或者是七、八十個國家，或是兩百多個國家。總而言之，只要現在的科技，使用到它，時間因緣際會來，就不要放它過去。每一句話都要留下來，哪怕像剛剛那個家庭的故事，就是一篇大道理。

佛陀說法，無不都是藉故事來講理，沒有人、事、物，就沒有道理可說。我們要匯合道理，藉人、藉事、藉物，藉這樣的空間，把我們所能吸收的智慧，無形變成了有形，這叫做真空。真空是智慧，我們就讓它在妙中求有，我們現在不都是「有」嗎？有，才能聽到我的聲音；有，我才要說出了這麼多的話，許許多多都是有對等、對比。單掌拍不出聲音，要有聲音，需要有雙掌，一拍，聲音就出來了。同樣的道理，福、慧要雙修，想要做，沒有因緣，也做不起來；有因緣不想做，就是漏失掉，白來人間一趟。

總而言之，我們要把握好因緣，要跟眾生結個好緣，其他可以不執著，因緣果報一定要認真，這是我一向跟大家所說的話。感恩菩薩們，不管你是在哪裡，聽到師父說的話，你就去做。

把握現在因緣，要說現在的事情，佛陀的智慧啟發我們，要好好地把握因緣，看現在的人間，現在的事與物，形形色色的相，成為印證道理。

所以大家要記得印證、印證，那是我們的法脈！知道什麼叫做「印證」嗎？（印：印公導師，證：證嚴上人。印證法源，依止靜思。）

人世間，總是需要因緣巧合，要好好把握。感恩全球的菩薩們愛的能量，不管你是半夜起來聽、或者天未亮就開始聽，或者是中午，不管什麼時候，總是共同分秒鐘，你與師父同在。全球慈濟菩薩們，感恩，聞法要入心，要身體力行。感恩菩薩們，祝福大家平安！

（節錄自二〇二一年六月二十一日上人開示：慈善志業週一溫馨分享）

第四十二堂課

翻轉人間，轉惡為善，轉災成福。起心動念，利益人群，轉疫為益。

你們現在，真正的要好好的重視生命，要利用它，有利用的時候叫做「價值」。要不然，到了像我們這樣的年紀時，大志不彰，哪怕現在，好像很開闊的大地，好像有許多人的需要，好像還有很多事要去做，但這一些只是在空盪中。

人本來是很富有的，但因為業力，看到了許多國度，不只是人窮、身體殘疾；不只是身心有殘疾，最可怕的是思想偏激的殘疾。這種思想偏差，那樣的殘忍心一啟動，傷害都難以量計。所以，要如何能調和人心是最重要，人心調和了，就降伏了欲念。剛剛有菩薩也提起就是欲念，如何來調伏它，欲念能調和，念念都是正念。

八正道（註：即八種聖者的道法——正見、正思惟、正語、正業、正命、正精進、正念、正定。）中的正念很重要，而且還要有正見跟正思維。見解不正，一念偏差，動作就是偏差了。語言的心意，心懷的意念，哪怕他說好聽的話，這個好聽的話裡面也是很尖銳，也會傷人。所以我們時常都說：「用心哦！要多用心！」要說好話，不需要很深，淺淺的他聽得懂，而且受用。

我最擔心的是我說話，人聽不懂，所以每一次話說完了，我都會說：

「聽懂嗎？了解嗎？」因為人很複雜，有時無心的一句話，明明在說好話，但是好話無心，也許傷刺了人心。所以做人說苦！苦，到底什麼苦？開口動舌，起心動念，假如不用心，思想也許只是一念偏差，失誤的事情會很大。

但是有心，哪怕少數的人都可以成為利益眾生的大事。我們可以看到土地上一棵棵的菜，都好像很肥沃。但是一粒種子是多麼的渺小，你們可知道芥菜籽就像是海沙一樣，很細小，差不多我們指甲縫裡一挑，就可以挑出很多粒籽。看看那樣一粒粒的種子，那麼一鋪，就會長成了一棵一棵肥美的蔬菜。光看農民拔起來的一棵芥菜，就可以煮一餐了，炒好裝在盤子上可以讓很多人吃。

不要輕視一粒芥菜籽，只要有心，因緣匯合，這粒芥菜籽落地，有雨露，有大地，有人照顧它，它就可以成為一大棵的芥菜。所以說起來，天地之間不可思議多，人生的感情、大地因緣與種子的合成，看看這真的是只能用「不可思議」來形容。人世間，我們要好好把心念照顧好。

最近天天一直都在想，生命，這幾十年過來的生命，像是我們現在，應該說八、九十歲。這種八、九十歲的人生，它還有多長？很難說，所以總是要把握分秒，分秒把握得好，一念正確，這一念推出去，可以利益多少人，可以造福多少人間。

同樣的道理，在座各位菩薩，你們聽多、看多，自己身體投入這麼多。我光是聽說當這樣的疫情現前，我們的營建菩薩如何日夜趕工，為了要防疫，他們不辭勞苦，日以繼夜，使命必達，把貨櫃變成臨時篩檢站。他們都沒有提出來說當時多辛苦，而我到今天才聽到，原來那一陣子，他們那樣的合和互協，無怨無尤的，就是要達成這個任務。

今天說，明天要，他們就開始趕了，一、兩天就可以趕出了幾個空間，實在是很不簡單。這就是所謂慈濟人的「神通」：「神」就是精神；有心沒有障礙，這叫做「通」。人人有心，展現神通，這樣廣大的愛心庇護了天下。不只是我們臺灣，哪裡需要，我們就哪裡呼籲。我們要很感恩全臺的志工菩薩，只要同仁一呼籲，志工菩薩就踴躍出來，總是菩薩湧現。

《法華經》〈從地涌出品第十五〉菩薩從十方湧現出來，從天而降來的，或者是從地湧現來的，十方、八達，哪裡需要人力，我的人、我的力量及時趕到去付出。真正的《法華經》不就是在此刻嗎？不就是在這個時代嗎？人人佛心，庇護天下蒼生；人人都是神通廣大的菩薩，可以庇蔭天下，不分他是富或是貧窮。

看到了莫三比克這一群菩薩，很現實的環境，他們很窮，但是很超越菩薩境界，他們立刻就是轉一個心念。佛陀開始說「菩薩現」，就是菩薩從地而湧，連龍王的女兒，也都可以龍女應身浮現出來（註）。所以說神通廣大，不分人類或者是動物，或者是天地萬物，哪怕一粒芥菜籽，都可以結實纍纍。很多的籽若集合起來，還可以撒在土地上，就能有一大片綠油油的芥菜園。所以只要一棵芥菜成熟了，它的種子收起來，撒下去就可以收成一大片。

所以不要輕視我們每一個人的一念心，這一念心，只要你發心，叫做功德無量，那就是我們的心念，看不到、摸不著，只要你動心，願意去付出，利益天下眾生，真的很多。各位菩薩，人人只要觀念有吸收，人人都會說，說的絕對要做得到。只要你有心，要有這一份的心念，你一定做得到。所以人人之間，把人召集過來，翻轉人間，轉惡為善，轉災成福。

轉災成福。現在這一波的疫情，是「疫災」，就是瘟疫的災情。我們「大哉教育」，大家應該要覺悟抬頭，人人已經把道理都放在心裡了。我一直認為人人都可說，現在科技這麼發達，動一枝筆，或者是動一根指頭，就可以把你的思考、你的善念，成為文字，就把它發出去，都是叫「淨化」。這就是「保護膜」，要如何把這個善念覆蓋大地，讓人心一開，就展開了善的保護膜，這是人人都能做到的事。

彼此之間，把很冷漠的社會變成了很溫馨、很有愛的社會。要不然，這一波是人怕人，我們的慈濟如何讓它溫暖化。所以大家害怕，我們就是去適度地靠近，但是提醒人人要把防護做好，自己也要做好。

不過，發菩薩心不談苦，就是很幸福。造福人間，把這樣的疫情、疾疫轉成利益人間，呵護人間平安健康，總是「轉疫為益」。轉這個疫情變成了利益人群，都是我們不斷把善心、愛的能量推廣出去，就是真的功德無量！

所以說來，很多事情需要我們大家用心，現在能用的心，是提倡人人虔誠。虔誠，除了祈禱以外，我們要把實力的愛，不是思想而已，我們要落實愛。

（節錄自二〇二一年七月十二日上人開示：慈善志業溫馨座談）

註：在《妙法蓮華經・提婆達多品》後半段，講文殊師利菩薩在龍宮弘法。敘述八齡龍女即身成佛的故事。

人與土地 33

醒悟無常：證嚴上人的42堂心靈修習課

作　者—釋證嚴
編　輯—陳萱宇
校　對—林秋芬
主　編—謝翠鈺
資深企劃經理—何靜婷
封面設計—陳文德
美術編輯—菩薩蠻數位文化有限公司

董事長—趙政岷
出版者—時報文化出版企業股份有限公司
108019臺北市和平西路三段二四〇號七樓
發行專線—（〇二）二三〇六六八四二
讀者服務專線—〇八〇〇二三一七〇五
（〇二）二三〇四七一〇三
讀者服務傳真—（〇二）二三〇四六八五八
郵撥—一九三四四七二四時報文化出版公司
信箱—一〇八九九　臺北華江橋郵局第九九信箱

時報悅讀網—http://www.readingtimes.com.tw
法律顧問—理律法律事務所　陳長文律師、李念祖律師
印刷—勁達印刷有限公司
初版一刷—二〇二一年十一月十二日
定價—新台幣三八〇元

時報文化出版公司成立於一九七五年，
並於一九九九年股票上櫃公開發行，於二〇〇八年脫離中時集團非屬旺中，
以「尊重智慧與創意的文化事業」為信念。

醒悟無常：證嚴上人的42堂心靈修習課/釋證嚴著. -- 初版. -- 臺北市：時報文化出版企業股份有限公司, 2021.11
面；　公分. --（人與土地；33）
ISBN 978-957-13-9389-6（平裝）. --

1.佛教說法 2.佛教修持

225.4　　110014090

http://www.jingsi.org
http://www.tzuchi.org

ISBN 978-957-13-9389-6
Printed in Taiwan